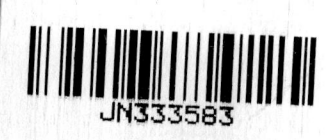

板前割烹の先付と酒肴

8テーマ160品

柴田書店

はじめに

日本料理店で提供する料理は、最後の「食事」に至るまでは、すべて酒の肴であるといわれています。酒を呑むのを前提に組み立てられた献立構成であり、味付けである以上、あえて「日本料理の酒肴」と強調するのはおかしなことなのかもしれません。そこで本書では、提供シーンから想定して8つのテーマを設け、それに応じた酒の肴を4人の気鋭の料理人の方々に発表していただきました。

まず第一が、献立の口火を切る「先付」です。江戸時代の料理書にも見られる古い概念ですが、かつては「座付き吸い物」と呼ばれる吸い物であったり、「座付き菓子」というお菓子であったりしたこともあり、そのスタイルは時代とともに変化してきました。今は板前割烹店であっても「行き付けの店で好きなものを注文して一杯」という利用法が減り、おまかせのコース料理が提供されることが多くなり、来店動機も接待などが多くなったため、先付は初めてのお客様に出す店の名刺替わりの料理のような位置づけとなってきています。ですから店の個性を反映したものや驚きのあるもの、接待の話題づくりにつながるようなものが求められてきています。そうした現代の先付を表現していただいたのが本書の第1章であり、作りおきのきかないできたて感のある先付が第2章の料理です。

そうしたコース料理全盛の世ではありますが、お客様が「もう少し食べたい、呑みたい」というときに、あるいは想定より早く器が空いてしまって次の一品ができ上がるまで間が空くときに、とっさの機転で追加の一品をすっと出す——そんなアドリブの掛け合いが板前割烹の持ち味のはず。お仕着せの料理が店のペースで一方的に作られて運ばれてくるのではない、板前割烹の魅力の復権を求めて立てた章が、第3章から第6章です。

また日本料理であってもそのお供となる酒は、今や日本酒だけとは限りません。ビールやワインとともに食べていただくことを想定したのが、第7章、第8章の料理です。

本書は献立の各項目と調味料をテーマとする「シリーズ日本料理の基礎」の1冊として企画されていましたが、より深く掘り下げるため独立した一書となりました。シリーズ各巻ともどもご活用いただけましたら幸いです。

板前割烹の
先付と酒肴
目次

第1章
最初は まずこの一品で

第2章
熱々や冷やして 提供するもの

第3章

即席ですぐに作れるもの

第4章

仕込んでおけてすぐ仕立てられるもの

作者担当料理

第5章

干物や珍味を使って

第6章

麺やご飯などおしのぎ

第7章

ビールに合う酒肴

第8章

ワインに合う酒肴

デザイン　岡本洋平・島田美雪（岡本デザイン室）
撮影　海老原俊之
編集　高松幸治

本書使用上の注意点

料理名は作者の命名にもとづいており、表記法を統一しておりません。また和え物を「和へ」とする、カラスミに「唐寿美」とめでたい字を当てるなどの慣用名も採用しています。また作り方はおもに調理手順であって、グラム数などの分量は一部の料理しか示しておりません。配合の割合、加熱温度、時間なども材料や道具によって変わりますので、あくまでも目安です。素材や好みに応じて調整してください。

第1章
最初はまず この一品で

料理のコースの始まりに
ふさわしい、驚きのある
一品に店の個性を凝縮

筍 鮑 浜防風 たたき蕨 木の芽和へ

ワカメのような磯の香りと合うタケノコをアワビと組み合わせた。
木の芽味噌と完全に和えてしまうと味が単調で飽きてしまうので、
ワラビの苦味を加え、木の芽味噌は敷き味噌にして、
つけながら食べていただく。

1 下ゆでしたタケノコを、だし、酒、ミリン、淡口醤油で土佐煮にする。カツオ節の包みを入れて追いガツオをし、落とし蓋代わりにして20分間炊く。煮汁に浸けたまま2時間以上かけて冷ます。

2 アワビを殻からはずし、掃除して、器に入れる。だし10、酒2、塩少量、淡口醤油少量、ミリン少量、差し昆布して密閉し、3〜4時間蒸す。タケノコに合わせて切り出す。

3 ワラビに軽く塩をしてから灰をまぶして1時間おく。ワラビにかぶる程度の熱湯をかけてもどし、新しい水にさらす。小口からきざむ。

4 白の漉しミソに卵黄、酒、砂糖少量を加えて練り上げる。すり鉢ですりつぶした木ノ芽を混ぜる。

浜防風：酢水でゆでて甘酢で酢取る。

焼穴子と赤かぶゼリーがけ

菜の花

きつね色に地焼したアナゴに、ゆるいゼリーと土佐酢をかけ、
赤カブを添えてサラダ感覚に仕立てる。ゼリーは焼いたタイの中骨からとっただし。
煮出さずに雑味のないエキスと香りのみを抽出しており、
にゅうめんや、マツタケなどにも合う。

1

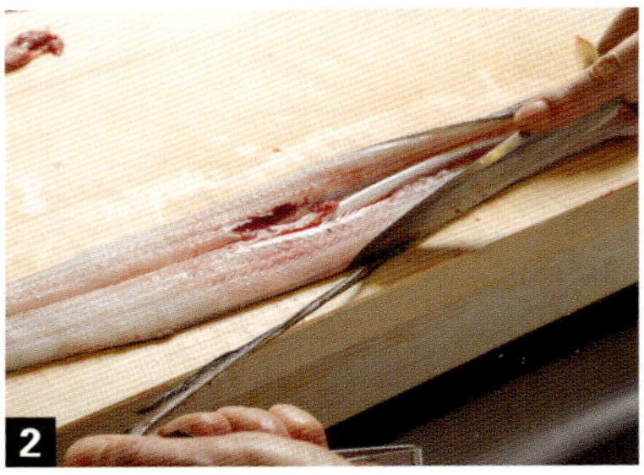
2

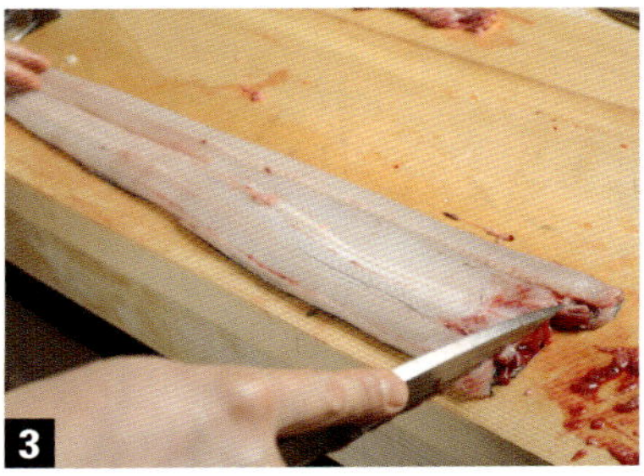
3

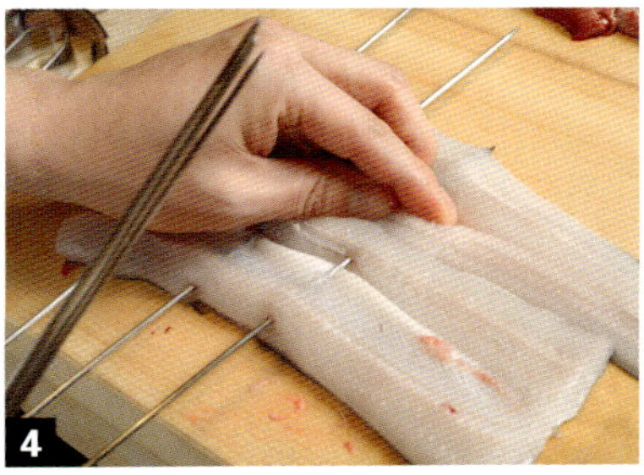
4

5

6

7

8

1 アナゴに目打ちをして背開きにする。左手の指で皮越しに包丁の先端の位置を確認しながら、切り開いていく。
2 背びれ、腹びれを切り取る。
3 小骨の付け根を切り、包丁の刃を立ててしごき取る。
4 皮がたるまないように張らせながら串を打つ。
5 皮側、身側の順に焼く。裏返すと油が炭に落ちるのであまりひんぱんに裏返さない。
6 皮に油が浮いてくるので、もう一度裏返して焼き上げる。
7 タイの中骨を焦がさないように焼く。
8 だしを沸かし、淡口醤油、ミリンで味をととのえ、タイの中骨を入れる。すぐに火を止め、引き上げる。ゼラチンを加え、ゆるく固める。

赤かぶ：食べやすい大きさの薄切りにし、立て塩に浸ける。
菜の花：ゆでて色出しし、地浸けする。

根芋利休和え　くこの実

利休和えは、千利休が好んだとされるゴマを使うことからきた料理名。
利休地（157ページ参照）より醤油やだしを控えて、ゴマを多めにきかせる。
山菜やもどした切り干しダイコンなどでも作る料理だが、
汁をたっぷり含む根イモで作る場合は、
和えたら時間をおかずに提供しないとだれてしまう。

1 根イモの皮をむき、酢とダイコンおろしをたっぷり加えた湯でゆでる。水にさらし、水気を絞ったのち、だしに塩で吸い地あたりをつけた地に入れ、ひと煮立ちしたら煮汁に浸けたまま冷まし、味を含ませる。
2 根イモを3cmほどの長さに切り分ける。
3 ゴマをすり鉢に入れて粗ずりする。あたりゴマを加える。
4 だしを加えてのばす。
5 水塩、濃口醬油を加える。
6 根イモを加えて和える。器に盛り、水で戻したクコの実をのせる。

＊水塩　使いやすいよう塩を水に溶かしたもの。塩に卵の殻、卵白を加えて練り、水を加えて火にかけ、アクを引いて作る。

冬瓜干貝　忍び生姜

淡白なトウガンに上品な干し貝柱のだしを含ませた冷たい先付で、
ショウガの搾り汁の香りですすめる。
トウガンは貝柱のだしの中で軽く煮るが
緑色がとばないよう、加熱しすぎないように気をつける。

1 丸のままのトウガンから、固い緑の皮を削る。
2 適当な大きさに切り分けて、細かく格子に包丁目を入れる。
3 塩2に重曹1を合わせた炭酸塩をすりこむ。そのまま30〜40分間おく。
4 ゆでて色だしする。
5 ホタテの干し貝柱をだしに浸け、1時間蒸す。
6 漉して、汁のみを使う。だし、塩、濃口醤油、ミリンで味をととのえる。
7 トウガンを入れて、温まったら鍋ごと急冷する。半日以上煮汁に浸け込む。

白菜のお浸し

白だつ山椒和へ
鯛はも子和へ

伊勢海老酒煎り

根芋と浜防風の胡麻和へ
ごく柔らかく炊いた鮑、
鼈甲ゼリーがけ

白菜のお浸し

数の子　壬生菜　茗荷　葱
岩茸　金箔

韓国料理のナムルから着想し、
ハクサイを太白ゴマ油で和えたお浸し。
焙煎したゴマの油ではないので、
ゴマの香りで邪魔をすることなく、
コクのみがつく。正月の先付を意識し、
数の子を添えて金箔を飾り、
松笠をかたどった器に盛りつけている。

1 ハクサイを拍子木切りにし、だし昆布で挟んで昆布〆にする。軽い重石をして、2時間ほどおく。ザルに広げて、軽く塩をし、水分をきる。

2 黄ユズのせん切りと太白ゴマ油でハクサイを和える。

3 カズノコを掃除し、だし12、淡口醤油2、ミリン0.5、酒1を合わせ、追いガツオした土佐地にひと晩浸ける。

4 ミブナをゆでて(塩は加えない)色出しし、地浸けする。

5 イワタケをひと晩水でもどして、掃除する。だし、酒、濃口醤油で柔らかく煮含める。

6 ミョウガとネギをそれぞれ針打ちして混ぜ合わせる。

7 ハクサイのお浸しに、カズノコ、イワタケを添える。ミブナとミョウガネギを盛り、金箔を飾る。

白だつ山椒和へ
鯛はも子和へ

梅肉　たたきオクラ　唐墨　海ぶどう

白ダツ(軟白栽培のズイキ)を
サンショウの実の醤油漬けで、
タイの昆布締めをハモの子で、
それぞれを和えた和え物。
一つの器に盛り合わせることで、
いろいろな味が楽しめる。
白ダツは酢とタカノツメのほかに、
マスタードを少量加えてゆでると
えぐみが抜ける。

1 白ダツの薄皮をむいて、酢、マスタード少量、タカノツメを加えた水でゆで、水にさらす。水気を絞って、切り分け、土佐地にひと晩浸ける。

2 サンショウの実の醤油漬(フレッシュのサンショウの実を生醤油に漬けたもの)から実を取り出し、きざんで白ダツを和える。白のみがきゴマも加える。

3 タイの上身をひと晩昆布〆にして、細引きにする。

4 ハモの子をだし、酒、ミリン、淡口醤油、濃口醤油、針ショウガで炊き、ほぐしてタイを和える。

5 オクラの種を取ってゆで、土佐地に浸ける。白醤油で仕立てた地に2時間浸け、引き上げて刃叩きする。

6 カラスミを薄切りにし、盛る直前にバーナーで5秒間あぶる。

伊勢海老酒煎り

長芋昆布締め　筍　酢取り防風
山葵　梅醤油

梅醤油と相性のよい伊勢エビと
ナガイモを盛り合わせ、
タケノコの姫皮を添えた。
ほどけてばらばらになる姫皮とともに
食べていただく。伊勢エビやナガイモは
同じ梅味の煎り酒とも合うが、
茶懐石風になるので
もっととろみのある梅醤油を用いている。

1 伊勢エビを上身にし、ひと口大に包丁する。

2 酒、淡口醤油、とろろ昆布少量で、酒煎りし、半分火を通す。地ごと冷ます。

3 ボウフウを酢水でゆでて、甘酢に浸ける。

4 下ゆでしたタケノコをだし、多めの酒、淡口醤油、砂糖、ミリンの酒をきかせたやや甘めの地で炊く。姫皮の部分を輪切りにする。

5 ナガイモに軽く塩をして、だし昆布で挟んで昆布〆にし、2時間おく。四角く包丁する。

6 酒、濃口醤油、無着色の南高梅の梅干しの果肉を合わせて作った梅醤油を煮きり酒でのばす。伊勢エビの酒煎りにかけ、ワサビを天に盛る。酢取りボウフウ、タケノコの姫皮、ナガイモを添える。

根芋と浜防風の胡麻和へ
ごく柔らかく炊いた鮑、
鼈甲ゼリーがけ

花穂紫蘇　山葵

とろりとした胡麻あん掛けや
胡麻よごしではなく、
切り胡麻と鼈甲ゼリーで和えた料理。
ペースト状のゴマと違って
さっぱりとしており、
素材から浸透圧で水分が逃げることもない。

1 根イモの皮をむき、ダイコンおろしとタカノツメを加えた湯でゆでて、水にさらす。土佐地にひと晩浸ける。

2 ハマボウフウを酢水でゆでて、土佐地に2時間浸ける。

3 白のみがきゴマを煎って、包丁で1粒を3つに切るイメージで切りゴマにする。

4 アワビをだし、酒、塩少量で5～6時間煮る。

5 アワビの煮汁をミリン、濃口醤油で味をととのえ、ゼラチンを煮溶かす。冷やし固めたのち、攪拌して崩す。

6 アワビと根イモを切りゴマとトンブリで和え、鼈甲ゼリーをかける。ハマボウフウ、花穂ジソ、ワサビを添える。

うるい生うに

蛤とたらの芽
干し子添え

生湯葉べっこうあん

焼帆立と芹の胡麻和え

うるい生うに

生ウニを煮きり酒と醤油でとろりと和えて
ウニ醤油としてウルイにのせる。
茸のお浸しや、タケノコなど
歯ごたえのあるものにも合う。
ぱさつきやすいスズキの塩焼の
背身にのせるのもよい。

1 ウルイを塩ゆでし、だし、淡口醤油の浸し地に浸ける。

2 生ウニに煮きり酒と醤油をからめて、ウルイにのせる。

蛤とたらの芽干し子添え
生若布

ハマグリを酒と水で開かせ、
その汁で煮浸しのように仕立てた。

1 ハマグリを酒と水の地で加熱し、開いたらザルに上げる。

2 鍋に残った汁に、砂糖と醤油を加えて味をととのえる。

3 開いたハマグリを殻からはずし、片栗粉をまぶして、**2**の鍋に入れて、ひと煮立ちしたら火を止めてそのまま冷ます。

4 ワカメをだしでやわらかくなるまで炊く。

5 タラノメをゆでて浸し地に浸ける。

6 **3**、**4**、**5**を盛り合わせ、ハマグリの煮汁を張り、きざんだ干しコノコをのせる。

生湯葉べっこうあん

生うに　山葵

汲みユバと舌ざわりの似た生ウニを、
鼈甲あんでまとめる。
ユバは墨田区・石原の「豆源郷」のものを
用いている。

1 だし、ミリン、濃口醤油を合わせ、水溶き片栗粉でとろみをつけて鼈甲あんにする。

2 汲みユバに生ウニをのせ、鼈甲あんをかける。

焼帆立と芹の胡麻和え

焼椎茸

セリと焼シイタケを一緒に浸し地に浸け、
香りを移すのがポイント。
焼ホタテの醤油の香ばしさと甘み、
セリの香り、シイタケの香りの一体感を
楽しんでいただく。

1 ホタテの貝柱を酒、醤油を同割で合わせた一杯醤油で洗う。

2 網にのせて炭火で焼き、ばらばらにほぐす。

3 セリを塩湯でゆでる。シイタケを網で焼く。一緒にだしと淡口醤油の地に浸ける。

4 **3**をホタテで和えて、煎りゴマをふる。

鮟肝帆立博多押し

魚醬和え　青柳　蛸　細魚　海老

鱒昆布〆と菜の花

海松貝と白木耳

鮟肝帆立博多押し

ポン酢餡　芽葱　紅卸し

店ではアンキモはオーソドックスに
ポン酢と紅葉おろしで食べていただくほか、
とろろをかけたり有馬煮などにしているが、
ここではホタテと博多に仕立てている。
切り口を見せるために
四方を切り落としたが、
円柱形のまま重ね盛りにしてもよい。

1 アンキモを掃除して血抜きして、水にさらす。あて塩をして1時間おき、酒で洗う。

2 アルミホイルで筒状に巻き整え、7〜8分間蒸す。

3 生食用のホタテの貝柱に薄塩をして、だし昆布に挟んで軽く水分を取り、1時間おく。

4 **2**のアンキモと**3**のホタテを薄切りにして、交互に挟む。四角く切り整える。

5 ポン酢（濃口醤油3、ダイダイ酢2、煮きり酒2、カツオ節、昆布を合わせて1週間ねかせる）に薄葛でとろみをつけたあんをかける。

魚醤和え　青柳　蛸
細魚　海老

うるい　隠元　紅芯大根　黄人参
ダッタン蕎麦の実

魚醤とゴマ油を混ぜたたれで、
魚介類や野菜を和える
サラダ仕立ての料理。
春先の貝類で仕立てることが多いが、
鶏のササミやイカなども合う。
刺身を切ったときの端を利用したり、
しょっつるやオリーブ油を使って
仕立ててもよい。

1 イタリア製のイワシの魚醤と煎りの浅いゴマ油を同量ずつ合わせる。ときガラシを加え、よく混ぜる。

2 アオヤギをさっとあぶる。タコはゆでて薄切りにする。サヨリは薄塩をあてる。車エビは酒塩でゆでる。

3 サヤインゲン、ウルイを塩ゆでする。紅芯ダイコンは火を入れず、薄く切り分ける。黄ニンジンは薄切りにして立て塩に浸けてしんなりさせ、水洗いして絞る。インゲン、ウルイは塩ゆでして色出しする。

4 魚介と野菜を盛り合わせて**1**の魚醤だれをかけ、煎ったダッタンソバの実をふる。

＊酒塩　酒を水で割り、塩で味をつけたもの。

鱒昆布〆と菜の花

黄身酢　より独活

北海道白老町の倶多楽湖で養殖された
ニジマスを用いた。
3年かけて育てているので
大型で赤みが強く、くせがない。

1 ニジマスを三枚におろして、薄切りにする。塩をしてだし昆布で3時間昆布〆にする。

2 菜ノ花をゆでて色出しし、薄い吸い地に浸ける。水気を絞ってニジマスで巻く。

3 黄身酢(ミリン1合、酢1合、塩、砂糖少量を合わせ、卵黄12個に加え、湯煎にかける)をかけ、よりウドを添える。

海松貝と白木耳

うるいの加減酢　より人参

濃赤色のミル貝と
透明感のあるシロキクラゲの酢の物。
シロキクラゲは酢味噌などは
はじいてしまってからみが悪いので、
加減酢のような
さらりとしたものと和えるとよい。

1 乾燥のシロキクラゲを水でもどして、手でちぎっておく。さっとゆでてザルにあげる。

2 ミルガイを殻から取り出して掃除し、水管に細かく包丁目を入れておく。直火で先端をあぶる。

3 ウルイを塩湯でゆでて、氷水に落とし、水気を絞る。

4 多めの水、千鳥酢を合わせ、カツオを利かせた加減酢(水5、酢1、赤酒1、塩、砂糖少量を火にかけ、アルコールがとんだらカツオ節を入れてひと沸かしし、漉す)をかける。

車海老とうるいの白和え

太穴子の照焼き

独活と平貝、菜の花、梅肉ソースかけ

アスパラガス、新玉ねぎのソース

車海老とうるいの白和え

穂紫蘇

ゆでた車エビとウルイに、
白和え衣と土佐醤油のジュレをかける。
白和え衣にもゼラチンを加えており、
豆腐プリンのような
なめらかな食感に仕立てている。

1 車エビに軽くあて塩をして、油霜にする。

2 ウルイを塩ゆでして、だし8、酒1、濃口醤油1で合わせ、追いガツオした八方地に地浸けしておく。

3 絹ごし豆腐に軽い押しをかけて脱水し、フードプロセッサーにかける。ゼラチンを煮溶かしただし、ゴマペースト、砂糖、淡口醤油、塩を加え、一晩冷やし固める。

4 土佐醤油をだしで割り、粉ゼラチンを煮溶かす。

5 車エビとウルイを盛り合わせ、**3**の白和え衣と**4**の土佐醤油のジュレをかける。花穂ジソを飾る。

太穴子の照焼き

木の芽

敦賀産の1kgサイズのアナゴを
ダイナミックに鳴戸に巻いて串打ちし、
たれ焼にした。焼く前に熱した油で
油通しすることで、生臭みを除いている。

1 太アナゴを一枚に開いて、粗めに骨切りする。くるくると巻いて、片栗粉で打ち粉をする。

2 170℃の油に浸け、生臭みを除く。

3 炭火で焼き、濃口醤油、酒、氷砂糖を合わせたタレでタレ焼にする。刃叩きした木ノ芽をのせる。

独活と平貝、菜の花、梅肉ソースかけ

芽紫蘇

タイラガイと春の野菜を、梅肉ですすめる。
梅干しは柔らかくて塩分の少ない紀州梅と
赤い奈良梅をブレンドして
色と味を調整している。

1 タイラガイをさっと霜降りにして、四角く切り分ける。ごく軽く塩をふる。

2 菜の花をゆでて色出しし、八方地(だし9、酒1、淡口醤油1)で地浸けする。

3 紀州梅と奈良梅の梅干しを同量ずつ用意し、種を取り出し果肉をフードプロセッサーにかける。種は酒で煮てエキスを取り、煮きりミリンを加え、果肉と合わせる。

4 かもじに切った生ウドと、芽ジソを天に盛る。

アスパラガス、新玉ねぎのソース

生雲丹

塩ゆでしたアスパラガスに、
新タマネギで作ったソースをかける。
新タマネギにゴマ油と酢を加え、
加熱することで変色することを防いだ。
この万能ソースは、生野菜のほかにも、
焼野菜や蒸した白身の魚に
ドレッシング的に添えることができる。

1 アスパラガスを塩ゆでして、八方地(だし9、ミリン1、淡口醤油1に追いガツオしたもの)に二度浸けする。

2 多めの新タマネギをミキサーに入れ、ミキサーが回るくらいの量の昆布だしを加え、砂糖少量、塩少量を加えて攪拌する。鍋にとり、太白ゴマ油と酢を加えて火を入れ、鍋ごと氷水で急冷する。

3 新タマネギのソースを器に敷いて、アスパラガスをのせ、ごく軽く塩をした生ウニをのせる。

第2章 熱々や冷やして提供するもの

座付き吸い物のような熱々の汁や、
暑い時季にうれしい冷たい一品

油目の胡麻酢あん

こごみ　針茗荷　たたき木の芽　煎り玉子

中国料理で多くみられるように、揚げた白身魚と醬油と酢のあんは相性のよい組み合わせ。ここではアイナメ（アブラメ）を揚げて、朱の椀に盛り、インパクトを狙った。切りゴマは提供直前に加えて、香りを立たせるとよい。たっぷりのミョウガのせん切りと、煎り玉子をまぶした木の芽をのせてすすめる。

1 アイナメを三枚におろし、ハモの骨切りの要領で切り目を入れる。
2 切り目を開きながら、小麦粉をまぶす。
3 揚げる。
4 だし、ミリン、酢、濃口醬油をひと煮立ちさせ、葛を引いてとろみをつける。切りゴマを加えて香りを立たせる。

こごみ：ゆでて、土佐地（18ページ）にひと晩浸ける。半割りにする。
煎り玉子：ゆで玉子の黄身を湯煎にかけ、塩、砂糖を加えてぱらぱらになるまで煎る。木の芽にまぶす。

ふぐひれ吸い

フグのヒレ酒と同様に、炙ったフグのヒレのエキスを吸い物に移す、
シンプルで旨みと香りの高い吸い物。尾ビレ、尻ビレ等どれを使ってもよいが、
胸ビレからもっともだしがよく出る。

1 トラフグのヒレを干して乾かす。
2 遠火でじっくりと焼く。
3 20分間ほど経ち、反ってきてきつね色になったら焼き上がり。
4 だしに塩で味をつける。
5 **4**を沸かして、**3**のフグのヒレを入れる。すぐに火を止め、器に張る。

冬瓜素麺　酒煎鮑

花穂紫蘇　縒り人参

トウガンをごく細く切り、片栗粉を打ってゆで、素麺のように食べてもらう。ここでは加減酢をかけたが、薄めの吸い地をたっぷりと張った中に泳がせてもよい。しばらく時間をおくとトウガン同士がくっつき合ってだまになってしまうので、できたてをすぐに食べてもらう板前割烹ならではの料理である。

1

2

3

4

5

6

7

8

1 トウガンの皮をピーラーでむく。芯を切り取る。
2 ごく薄く切り分ける。
3 トウガンの薄切りを重ねて、せん切りにする。
4 軽く水気を絞り、ザルにとり、しばらくおいて水分をとばす。
5 ボウルに移し、茶漉しを使って均等に片栗粉をまぶす。
6 ザルに取り、軽くかき混ぜて余計な片栗粉を落とす。
7 **6** のトウガンのせん切りを熱湯に落とす。
8 透明になったらすぐにすくい上げ、氷水に落とす。ガラス器に盛り、加減酢をかけ、酒煎したアワビとよりニンジン、花穂ジソを飾る。

酒煎り鮑:アワビを薄切りにし、沸かした酒に入れてすぐに火を止める。

茄子と鮑のお浸し　茗荷

油で加熱して皮をむいた翡翠色のナスを、蒸しアワビの汁に浸けて味を含ませる。
冷やして、たっぷりの汁とアワビとともに盛り合わせ、
せんに切ったミョウガを添える。

1

2

3

4

5

6

1 ナスに切り目を入れ、油に落とす。

2 すぐに引き上げて、氷水に落とす。皮をむく。

3 アワビをよく洗って殻つきのまま、昆布だし、酒、塩少量、淡口醤油の地に浸ける。3時間蒸す。

4 アワビの蒸し汁を漉す。

5 塩、ミリンで味をととのえる。

6 冷めたら、皮をむいたナスを浸ける。

蛤、蕗のとうあん

松葉蟹と白子豆腐蒸し

グリーンアスパラすり流し

冷やし茶碗蒸し　いかすみと海老の味噌のシャーベット

蛤、蕗のとうあん

笹打ち蕗　炙り蕗のとう
梅肉　煎り玉

春らしいフキノトウの苦味で
ハマグリを食べていただく。
フキノトウはつぼみの部分を
ハマグリの煮汁で作ったあんに加え、
葉の部分はあぶって添える。
ハマグリを写した器に盛り、
地浸けしたフキと、煎り玉子、梅肉をのせる。

1 ハマグリを殻からはずし、酒をふって酒煎りし、ひと口大に切り分ける。

2 酒煎りした汁をカツオだしで割り、淡口醤油、ミリンで味をととのえる。

3 フキノトウを葉とつぼみに分けて、つぼみを素揚げする。浸し地に2時間浸ける。

4 フキを掃除して、ゆでて色出しし（塩は加えない）。白醤油で仕立てた土佐地に2時間浸ける。薄い笹打ちにして、再び地に浸け直す。

5 **2**の汁に葛を引き、**3**のフキノトウを加える。

松葉蟹と白子豆腐蒸し

軸蓮草　柚子　かぶらあんかけ

白子豆腐を揚げて、すりおろしたカブの
温かなあんをかけ、松葉ガニ、ユズ、
軸ホウレンソウの三色の具をのせる。
白子豆腐には少量の生クリームを加えると、
タラの白子独特の生臭さを
抑えることができる。

1 タラの白子を蒸して、裏漉しにかける。葛を加え、昆布だし、酒でのばし、生クリーム少量を加える。火にかけて20分間練る。

2 **1**を流し缶に流し、固まったら四角く切り分けて、片栗粉をつけて揚げる。

3 近江カブをすりおろす。汁気はきらずに、酒、白醤油で味をつけ、葛を引く。

4 松葉ガニの脚を塩ゆでにして、身を取り出す。

5 ホウレンソウの軸をゆでて（塩は加えない）、色出しする。浸し地に2時間浸ける。ユズの皮をせん切りにする。

6 **2**の白子豆腐に**3**のかぶらあんをかけ、**4**、**5**をのせる。

グリーンアスパラすり流し
海老白玉　蓴菜

野菜のすり流しは
冷たく仕立てる場合が多いが、
量が多いと食べ飽きてしまいがちなので、
あえて温かく仕立てた。
ジュンサイのほかにも、
貝やエビのようなつるりとした具が合う。

1 アスパラガスの皮をむいてゆで(塩は加えない)、ジューサーにかける。塩で味をととのえる。薄葛を引いた濃いめの吸い地に加える。

2 白玉粉に水を加えて耳たぶ程度の固さに練り、車エビの塩ゆでを芯にして丸くとり、ゆでる。

3 椀に盛り、アスパラガスのすり流しを張り、湯に浸けて色出ししたジュンサイを散らす。

冷やし茶碗蒸し いかすみと海老の味噌のシャーベット
蓴菜

冷たい茶碗蒸しの上をイカスミと
エビミソで作ったシャーベットでおおい、
ソース代わりに混ぜながら食べてもらう。
カウンターで提供するなら、
熱々の茶碗蒸しの上にのせて、
その温度差を楽しんでもらってもよい。

1 Mサイズの卵1個につきだし1合の割合で加え、淡口醤油、ミリン少量で味をつけて玉地を作る。松葉ガニのむしり身、ジュンサイを具として加え、器に流して蒸す。

2 イカスミのペースト1をだし5で溶き、ミリン、濃口醤油を加えて冷凍する。フードプロセッサーにかける。泡立てた生クリーム0.2、泡立てた卵白0.2を加える。

3 車エビの頭を焼いて、ミソを裏漉しする。だしで割る。冷凍して、フードプロセッサーにかける。泡立てた生クリーム0.2、泡立てた卵白0.2を加える。全体の2割の量の溶かしバターを加える。

4 **2**のイカスミと**3**の車エビのミソを再度冷凍して、フードプロセッサーにかける。回しすぎてどろりとしないように気をつける。

子持ちやりいかと
空豆

新じゃが芋共がけ

鱈白子と黄にら

焼き白子

子持ちやりいかと空豆

木の芽

子持ちのヤリイカの胴に
足とエンペラを詰めて柔らかく煮る。
イカと相性のよいソラマメは
その煮汁で食べていただく。

1 ヤリイカの足と内臓、エンペラをはずす。

2 ヤリイカの胴から皮をむき、胴に足とエンペラを詰め、楊枝で止める。

3 だし、ミリン、濃口醤油を合わせた地を沸かして、**2**のヤリイカを入れる。落とし蓋をして、10分間程度ことことと煮て、そのまま鍋止めし、常温になるまでおく。

4 ソラマメを塩ゆでして、皮をむく。

新じゃが芋共がけ

桜の花

揚げたジャガイモを
裏漉ししたジャガイモで和える。
下処理も味つけも同じ素材を、
仕上げでがらりと違う料理にして、
出会わせている。

1 新ジャガイモをゆでて、だし、淡口醤油、ミリンで炊いて味を含ませる。

2 一部とりおいて、油で揚げる。

3 とりおいた新ジャガイモを裏漉しし、揚げた新ジャガイモにかける。

4 塩抜きしたサクラの花をのせる。

鱈白子と黄にら

ニラと違って柔らかい香りのする
黄ニラは白子と相性がよく、
白と黄の色合いも美しい。
白子は半生ではなくしっかりと炊く。
臭みがなくなり、
しっかりとした食感になるが、
舌触りのなめらかさは失われない。

1 黄ニラをゆでて、だし、淡口醤油の浸し地でお浸しにする。

2 タラの白子をほどよい大きさに切って霜降りにする。昆布、酒、水、塩を合わせた地で、あくをすくいながら20分間ほど炊く。

3 濁っていた煮汁が次第に澄んでくる。ここに**1**の黄ニラを入れて、沸き立ったら盛り付ける。

焼き白子

白子ソース　ふり柚子

タラの白子を焼き目つけとソースという
それぞれ食感の違う仕立て方にして、
出会わせた。写真ではソースは
器の底に敷いたが、上からかけてもよい。

1 タラの白子をほどよい大きさに切って霜降りにする。昆布、酒、水、塩を合わせた地で、あくをすくいながら20分間ほど炊く。一部とりおく。

2 白子に天火で焼き目をつける。

3 とりおいた白子を裏漉しして、炊いた煮汁でのばす。**2**の焼き白子にかけ、黄ユズをふる。

牡蠣茶碗

鶉粟蒸し

筍と蛤の酒煮

雲丹の氷羹と蓴菜

牡蠣茶碗

芽葱　柚子　ピンクペッパー

カキをごろりと入れた茶碗蒸し。
カキを粗みじんに刃叩きし、
にじみ出てきた汁を
卵地に混ぜて仕立ててもよい。

1 カキをよく洗って、さっと霜降りにする。

2 卵1個にだし0.8合を合わせた卵地にカキを入れて、蒸し器で10分間蒸す。

3 芽ネギ、針ユズをのせ、ピンクペッパー(赤粒コショウ)をのせる。

鶉粟蒸し

くこの実

ウズラの挽き肉を芯にして
アワで包む粟蒸しは定番の組み合わせ。
モチキビで仕立ててもよい。
一度に多くの数を作る際には、
ウズラの丸を吸い地に落として
火を入れてからアワで包むと作業しやすい。

1 ウズラのひき肉にエビのすり身を混ぜて、すり鉢でよくすり合わせる。すりおろしたヤマイモを加えて、塩、濃口醤油、砂糖少量で味をととのえ、丸める。

2 モチアワを沸騰した湯に入れて2分間ゆでる。ザルに揚げて、蒸籠で芯がなくなるまで蒸す。

3 ウズラの団子をアワで包み、器に入れて蒸す。

4 鶏のスープに葛を引いた銀あんを器に流す。水で戻したクコの実をのせる。

筍と蛤の酒煮

ぶぶあられ　木の芽

酒煮にしたハマグリの煮汁で
タケノコをさっと炊く。
カツオだしを使っていないので、
塩味をしっかりつけること。
タケノコのほかウドも合う。

1 タケノコを糠でゆがき、掃除をする。

2 ハマグリの身を殻からはずし、酒、水、塩でさっとひと煮立ちさせ、酒煮にする。

3 タケノコを加えて、さっと煮る。

雲丹の氷羹と蓴菜

ウニを寒天で寄せた涼しげな先付。
丸く取るなら生ウニを入れてもよいが、
四角く切り出す場合はつぶれてしまうので、
蒸しウニを使う。ただし蒸しすぎると
ぼそぼそしてしまうので気をつける。

1 ウニに軽く塩をして、酒塩を霧吹きで吹きかけながら、蒸す。

2 一番だしに寒天を煮溶かして、薄く塩味をつける。流し缶に流し、生ウニを入れて冷やし固める。

3 酒塩でゆでた車エビ、塩ゆでして薄皮をむいたエダマメ、ジュンサイを散らし、加減酢(27ページ)をかける。

あいなめの揚げ出し

甘鯛焼浸し

揚げ鱧の鱧の子あんかけ

茄子穴子

あいなめの揚げ出し

茗荷　わらび

揚げたアイナメをさっと炊き、
煮汁とともに盛り、スプーンをつけて
提供する。身からでたエキスも
余すことなく食べていただくため、
魚は揚げ出しや
焼き浸しに仕立てることが多い。

1 アイナメを三枚におろして、薄塩をあて、骨切りの要領で切り目を入れる。片栗粉を打ち、太白ゴマ油で揚げる。

2 酒、だし、濃口醤油少量、ミリン、ショウガの絞り汁を合わせて、アイナメを入れる。

3 ワラビに重曹をふって、陶製の器に入れ、熱湯をかけてひと晩おく。流水にさらして重曹を抜く。だし、酒、濃口醤油少量、ミリンでさっと炊く。

4 ミョウガタケをせんに打つ。

甘鯛焼浸し

花山椒

炭火で皮をぱりっと焼いたアマダイを、
その中骨からとっただしですすめる。
器に盛る際、皮にだしがかからないように
気をつける。

1 アマダイのウロコを引き、皮つきのまま三枚におろす。薄塩をふって、炭火で焼く。

2 昆布だしに焼いたアマダイの中骨を入れて、多めの酒、塩少量を加えて煮て、だしを取る。

3 花ザンショウを塩湯でゆでて、アマダイにのせる。

揚げ鱧の鱧の子あんかけ

ふり柚子

鱧せんべいのイメージで
低温の油でゆっくり揚げて
水分を抜いたハモに、
ハモの子のあんをかける。
ハモの子は酒煮にしてもよいが、
活けのハモの子はくさみが出ないので、
霜降りせずに直炊きした。

1 ハモを一枚に開き、骨切りし、適宜な大きさに切り分ける。

2 片栗粉をまぶして、160〜170℃の太白ゴマ油で揚げる。

3 ハモの子の筋を除き、だし、酒で炊く。塩、淡口醤油、ミリン少量で味をつけ、葛を引く。ハモにかけて、すりユズをふる。

茄子穴子

おくら

ナスと相性のよいアナゴの白煮を
盛り合わせた。
アナゴは力強さがほしいので、
淡路産の1尾600gのサイズのものを
用いている。

1 アナゴを開いて皮目のぬめりを取る。だしに、酒、砂糖、塩、ショウガの薄切り、香りづけ程度の濃口醤油を加え、アナゴを入れて40〜50分間炊く。

2 アナゴを煮汁から引き上げて、それぞれ冷ます。アナゴを煮汁に戻して1時間休ませた後、引き上げて、骨を抜く。

3 賀茂ナスの皮をむき、素揚げにする。熱湯をかけて油抜きし、だし、濃口醤油、酒、砂糖、ミリンでさっと煮る。そのまま煮汁に浸ける。

4 賀茂ナスとその煮汁を盛り、サラマンダーで焼いたアナゴ、塩ゆでしたオクラをのせる。

第3章
即席ですぐに作れるもの

「もう少し何かつまみを」という
オーダーに応えられる、
その場にあるもので
すぐに仕立てられる酒の肴

ふぐの白菜巻き

京人参　浅葱　焼海苔　肝あん

フグの薄造りでハクサイを巻くのは、大分では古くからあった食べ方とのこと。
彩りとしてニンジンとアサツキを加え、あん肝をぽん酢でのばしたタレを添えた。
自分で焼きノリで巻いて、食べていただく。フグのお造りを切った際の端を
利用してもよいし、ヒラメやタイで提供してもよいだろう。

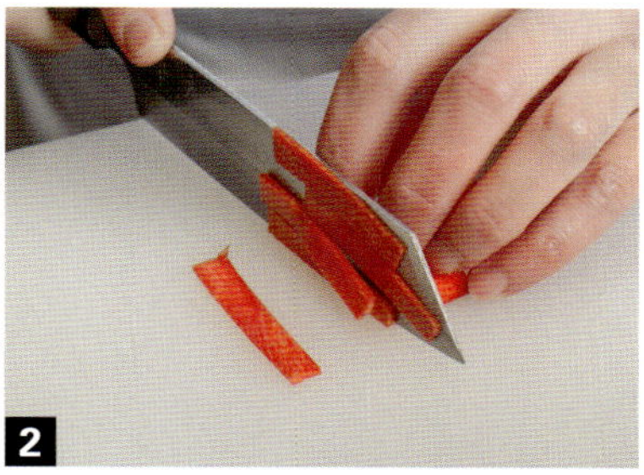

1 フグを薄造りにする。トオトウミを細切りにする。

2 京ニンジンとハクサイを、長さを揃えて棒状に切る。アサツキを同じ長さに切り分ける。

3 フグを広げてまな板に並べ、半分に切った大葉ジソをのせる。京ニンジン、ハクサイを並べる。

4 アサツキ、トオトウミをのせ、フグで巻き包む。

5 アンキモを掃除して強めの塩をふって1時間おく。ラップ紙で筒状にまとめ、アルミホイルで包み、蒸す。裏漉しし、ぽん酢でのばす。

＊トオトウミ　身と皮の間にあるゼラチン質の膜。身皮（三河）の隣にあるので遠江とよばれる。

いちじく煮おろしあん

鯛せんべい

さっと揚げた甘いイチジクを、塩味を吸わせた煮おろしで和えて味のバランスをとる。ダイコンおろしは鬼おろしで粗くすりおろして触感を残しており、さらに歯ごたえのアクセントとして、タイの皮を揚げたせんべいを散らす。

1 イチジクの皮をむき、小麦粉で粉を打つ。

2 白絞油に入れて揚げ色がしっかりつくまで揚げる。

3 だし、濃口醤油、ミリンに、鬼おろしでおろしたダイコンおろしを加える。

4 上身から引いたタイの皮(手前)を平たくのばし、1晩おいて乾燥させる。ハサミで切り分ける。

5 やや高温の油で焦がさないように気をつけながら揚げる。ふくらんで、タイせんべいとなる。

白和え　無花果　干柿　丸十

甘くて酒には合わなそうな果物も、柑橘を搾った白和えの衣だと
味が引き締まり、女性にも受けがよい一品となる。
イチジクはここではフレッシュのものを用いたが、
ドライフルーツを使えばワインに合う肴となる。なお、一度に和えようとすると
くっつき合ってしまうので、素材は各種類一つずつ和えること。

1

2

3

4

5

6

7

1 イチジクの皮をむき、蒸して水分を飛ばす。

2 軽く重しをかけて水気を抜いておいた豆腐を、裏漉しする。

3 すり鉢にあたりゴマを取り、砂糖を加え、すり混ぜる。

4 塩、煮きり赤酒、濃口醤油を加える。

5 **2**の裏漉しにかけた豆腐を加える。味をみて、再度ととのえ、ダイダイの搾り汁を加える。

6 種を抜いたアンポ柿を加えて和える。

7 皮付きのまま蒸した新サツマイモの小切り、**1**のイチジクを順に加えて崩さないように軽く混ぜ合わせる。

おこぜのぶつ

ちり酢　葱のジュレ

オコゼを引いたときに出る身の端や、身を包んでいるトオトウミをぶつ切りにし、
さらに皮や内臓も切り分けて、肝で和える。
内臓をひと手間かけて下ごしらえするかどうかで、大きな差がつく料理。

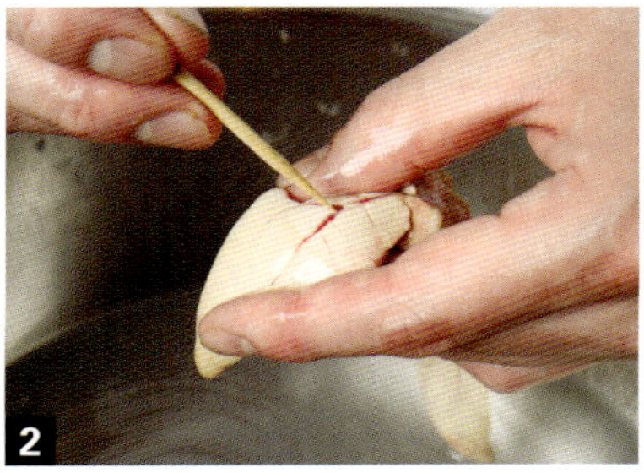

1 オコゼを水洗いし、三枚におろす。内臓をはずし、皮をひく。
2 肝臓の血管を竹串でしごき、血を抜く。
3 皮、胃袋、腸、卵巣、肝臓をゆがく。
4 氷水に取る。
5 皮に食い込んでいる小骨を骨抜きで引き抜く。
6 皮の裏側を包丁でしごき取る。胃袋や腸の内側も同様にしごく。

ちり酢：自家製ぽん酢（ダイダイ、スダチ、ユズの搾り汁、濃口醤油、煮きり酒、煮きりミリンを合わせたもの）に、ダイコンおろし、ジューサーにかけたネギのペースト、一味トウガラシを加えたもの。
葱のジュレ：割醤油に追いガツオをし、粉ゼラチンを溶かしてゆるく固めた土佐醤油のジュレで、きざんだアサツキを和える。

牛肉と新玉葱の
沢煮

丸茄子の
胡麻味噌和へ

栄螺の磯焼き

帆立の揚浸しとトマトのみぞれ酢和へ

牛肉と新玉葱の沢煮

花山椒　山独活　赤ピーマン

牛肉とタマネギを蕎麦だしで煮て、
その旨みの溶け込んだ煮汁で
花ザンショウをさっと煮て盛り合わせる。
温かなお通し。

1 しゃぶしゃぶ用にスライスした近江牛のロース肉を適宜な大きさに切り分ける。2mmの薄さに切ったタマネギとともに鍋に入れ、蕎麦だし(だし4、濃口醤油1、ミリン1)でさっと煮る。

2 牛ロースとタマネギを引き上げ、この煮汁で花ザンショウをさっと煮る。

3 赤ピーマンを半分に切り、黒くなるまであぶって、皮をむく。拍子木に切り、土佐地に浸ける。

4 山ウドを酢水でゆでて拍子木に切り、土佐地に浸ける。

丸茄子の胡麻味噌和へ

蟹むしり身　芽葱　青柚子

丸ナスを素揚げして胡麻味噌で和え、
茄子紺の器に盛り、
切り落としたナスのへたで蓋をする。
普通のナスでは身が柔らかすぎるので、
しっかりした丸ナスを用いる。

1 白ミソに砂糖少量、卵黄、酒を加えて練った玉味噌にゴマペーストを加えて胡麻味噌を作る。

2 丸ナスのへたを切り落として、皮を薄くむき、ひと口大に切る。ミョウバン水に10分間浸けて色止めする。素揚げする。

3 ナスを温めた胡麻味噌で和える。ズワイガニのむしり身と芽ネギをのせ、すりおろした青ユズをふりかける。

栄螺の磯焼き

ホワイトアスパラ　うるいお浸し
生雲丹　車海老　土筆

肝醤油で火を通した温かいサザエと、
冷たい野菜や車エビのお浸しを盛り合わせ、
温度差を楽しんでもらう。
車エビは酒をきかせた地に浸ければ、
半生でも黒く変色しない。

1 サザエを殻から取り出し、肝をはずす。身を薄くへぎ切りにする。

2 肝は根元の固いところを取り除き、先端のみゆでて裏漉しする。醤油、太白ゴマ油、酒を加えて肝醤油にする。

3 サザエの身を太白ゴマ油で炒め、半ば火が通ったところで肝醤油を加える。生ウニも加え、半生の状態で火を止める。

4 車エビを殻つきで芯に火が通らないくらいゆでて、酒を加えた土佐地に浸ける。

5 ホワイトアスパラガス、ウルイをゆでて、白醤油で仕立てた土佐地に浸ける。

6 ツクシを灰アクを加えた湯でゆでて、水にさらす。淡口醤油をきかせた浸し地にひと晩浸ける。

帆立の揚浸しと
トマトのみぞれ酢和へ

海苔

ホタテの貝柱を湯〆にするのは
北海道に伝わる仕事。
揚げたてを地浸けすると2〜3日間もつ。

1 活けのホタテの貝柱を70℃の湯に浸けて湯〆にする。締まってタイラガイのようになる。

2 180℃の油で素揚げして、熱いうちに浸し地（だし7、ミリン1、濃口醤油1）に浸ける。

3 トマトを湯むきし、櫛切りにする。

4 以上をダイコンおろしに土佐酢を加えたみぞれ酢で和える。焼きノリを散らす。

下仁田葱焼

ほたるいか共和え

北寄貝と根みつ葉

鯛の焼〆

下仁田葱焼

太くて甘みのある下仁田ネギを、
根も葉もすべて活用した料理。
白い根の部分はフライパンで
両面をじっくり焼き、潮汁を張って
汁を吸い上げるように火を入れ、
青い葉は色がとばないように蒸して
ミキサーにかけ、味をととのえて
ソースとする。

1 下仁田ネギの白い部分を2～3ｃｍの長さの輪切りにする。

2 フライパンに立てて断面を両側ともじっくり焼き、焼き色をつける。

3 魚のアラ、酒、昆布、ショウガ、塩で作った潮汁を注ぎ入れ、下仁田ネギに吸わせる。

4 下仁田ネギの青い葉を蒸して、ミキサーにかけてペースト状にする。だしでのばし、淡口醤油で味をととのえる。

ほたるいか共和え

竹の子　木の芽味噌

さっと煮たホタルイカを、
きざんだホタルイカ自身で和える。
木の芽味噌には青寄せは加えず、
自然な緑色に仕立てている。

1 浜ゆでのホタテイカの眼とくちばし、軟骨を除き、ボイルする。

2 だし、淡口醤油、ミリン、針ショウガを合わせた地に入れ、ひと煮立ちさせ、そのまま鍋止めして味を含ませる。

3 タケノコを下ゆでする。だし、酒、淡口醤油を合わせ、追いガツオをしてタケノコを炊く。

4 白味噌に卵黄、酒、砂糖を加えて玉味噌を作る。すり鉢で木ノ芽をすり、玉味噌を加えて木の芽味噌にする。

5 ホタルイカの一部をとって刃叩きし、タケノコ、ホタルイカを和える。

北寄貝と根みつ葉

生姜

半生ではなくしっかりと焼いた
ホッキ貝の甘みを、根三ッ葉の香りで
引き立たせる。塩をきかせないと
生臭さが出てしまうので気をつける。

1 ホッキ貝の殻を開いて掃除し、串を打ち、塩をしっかりとふってあぶる。

2 根三ッ葉をだし、淡口醤油の浸け地で地浸けする。

3 ホッキ貝を根三ッ葉で和え、おろしショウガを添え、土佐酢をかける。

鯛の焼〆

すだち搾り汁　柚子

刺身にはしづらいが、よく動かすため
味ののっている尾の部分を
さっと塩焼にする。
焼きたてにスダチの搾り汁をかけ、
すぐに包丁して提供する。

1 タイの尾の方の身に、皮目に包丁を入れ、塩をふる。串打ちして皮側だけ焼く。

2 焼き上がったらスダチを熱いうちに搾る。切り出して、すりユズをふる。

蛍烏賊独活酢味噌

貝ぬた
青柳　鳥貝　わけぎ

揚椎茸と蟹のポン酢

赤貝ともやし、
金針菜の芥子和え

蛍烏賊独活酢味噌

こしあぶら　芽巻うど

ホタルイカに鳴戸ワカメで巻いた
ウドを添え、芥子酢味噌ですすめる。
酢味噌にはゴマを少量加えると
酢のつんととがった感じがなくなり、
柔らかくなる。

1 浜ゆでのホタルイカの眼とくちばし、軟骨を取り、沸騰した湯に落とす。

2 ウドを大原木に切る。水でもどした鳴戸ワカメで巻く。

3 コシアブラを塩湯でゆでて、氷水に落とす。

4 白味噌に信州味噌を少量合わせ、砂糖を加えて練り味噌を作る。酢、とき芥子、あたりゴマを加える。

貝ぬた　青柳　鳥貝　わけぎ

かぎわらび　より人参

アサリとワケギの定番のぬたの代わりに、
江戸前を意識して
アオヤギとトリ貝を酢味噌で和えた。
アオヤギの下処理は
寿司店で教わった方法で、
これ以上加熱すると
ゴムのように固くなってしまう。

1 アオヤギを水からゆでる。手でかき混ぜながら加熱していくと、熱くて我慢できなくなるくらいのタイミングできゅっと締まるので、すぐに氷水に落とす。

2 トリガイを殻からはずし、掃除して、多めに酢を入れた湯でゆでる。

3 ワラビに灰をまぶし、陶製の器に入れて熱湯を注ぎ、ひと晩おく。ゆでてアクを抜き、ザルに揚げて冷ます。

4 ワケギをゆでて氷水に取り、水気を絞る。

5 ワケギと貝類に芥子酢味噌（蛍烏賊酢味噌和えと同じ）をかけ、より切りした黄ニンジンをのせる。

揚椎茸と蟹のポン酢

アスパラガス

焼椎茸とポン酢は定番の組合せだが、
シイタケは油と相性がよいので、
揚げてカニと合わせた。
焼くよりも時間がかからないので
即席で仕立てるのに適している。
タコやエビと合わせてもよい。

1 シイタケの軸を取って、素揚げにする。大きめに切り分ける。

2 ズワイガニの脚を塩ゆでする。

3 アスパラガスを塩ゆでする。

3 ポン酢（26ページ）を加えたダイコンおろしをのせる。

赤貝ともやし、金針菜の芥子和え

海苔

アカガイと歯ごたえのあるキンシンサイ、
モヤシを、ゴマ油でコクをつけた
芥子のたれで和える。
芥子のたれはだしなどを加えていない
濃い状態なので、
水っぽい和え物にならないのが特徴。

1 アカガイを開いてワタを除く。アカガイは身だけでなく、ヒモもきざんで入れる。

2 キンシンサイ（乾燥ではなくフレッシュのもの）をさっとゆでて氷水に落とす。

3 モヤシをさっとゆでる。

4 ときガラシに少量のゴマ油、香りづけ程度の濃口醤油、塩を合わせたたれで**1**、**2**、**3**を和える。針ノリをのせる。

天然山菜の金山寺味噌和え

鰈の新生姜と
大葉和え

岩牡蠣
辛味大根和え

筍醤油焼

天然山菜の金山寺味噌和え

天然の山菜の持ち味をそのまま生かした、
シンプルな和え物。
金山寺味噌で和えるので、
山菜は仮浸けせずに一度浸けにしている。

1 コゴミ、コシアブラ、シドケ、タラノメを塩湯でゆでる。だし9、酒1、淡口醤油1の八方だしに地浸けする。

2 ワラビに重曹をふり、陶製の器に入れて熱湯をかけて蓋をし、ひと晩おく。流水にさらし、重曹を抜く。

3 山菜を金山寺味噌で和える。

鰈の新生姜と大葉和え

身が活かっているカレイに塩をあて、
脱水してしまう前にぶつ切りにして
薬味と和える。
ぷりっとしたタイやヒラメなど、
歯ごたえのある魚に向いている。

1 カレイの上身にひと塩をして、ぶつ切りにする。

2 ごく細く切った大葉ジソとショウガで和えてこんもりと盛る。スダチの搾り汁をかける。

岩牡蠣辛味大根和え

柚子胡椒　割醤油

福井産の700gの大型なイワガキを
おろした辛味ダイコンで和え、
割醤油をかけた。イワガキといえば
ポン酢と紅葉おろしをつけるのが定番だが、
ユズとカキは相性がよいので
ユズコショウを添えている。

1 イワガキを殻からはずして、ひと口大に切り分ける。

2 辛味ダイコンを粗めにおろして、少量の塩を加える。

3 イワガキを辛みダイコンでざっくりと和えて、割醤油をかけ、スダチの搾り汁をかける。赤のユズコショウを天盛りにする。

筍醤油焼

木の芽

タレが染み込みやすいように
細かく包丁目を入れた
タケノコの根元の部分を、炭火で焼く。
あくの回っていない
朝掘りのタケノコであれば、
下ゆでせずに焼いてもよい。

1 タケノコを糠、タカノツメでゆでる。根元の部分を切り分ける。

2 鹿の子に細かく包丁目を入れて、串を打つ。だし1、濃口醤油1の割醤油をかけ、近火の強火でたれ焼にする。

第4章
仕込んでおけて すぐに 仕立てられるもの

次の料理の提供まで時間が
かかりそうなとき、
お待たせしないよう
常備しておきたい追加の一品

水蛸の油霜

たたきオクラ　花穂

煮タコではなく、さっと揚げたタコを粕漬けにしており、
日持ちがよく、おせちにも使える一品。タコはとにかく柔らかく炊くのが
普通だが、寿司店でも食べられるありふれた仕事になってきたので、
あえて歯ごたえを残す方向で調理している。

1 タコに鹿の子に包丁目を入れて、さっと揚げて油霜にする。
2 浸け地で地浸けする。
3 白ミソと練り粕を混ぜ合わせた粕床に2日間漬ける。
4 適宜な大きさに切り分け、バーナーであぶって焼き目をつける。

たたきオクラ：おくらの種を取ってゆでたのち、だし、白醤油で仕立てた土佐地に2時間浸ける。地から引き上げて刃叩きする。

甘海老豆乳寄せ

オクラゼリー　ふり柚子

甘エビの頭を煮出しただしを加えた豆乳を冷やし固め、甘エビの身をのせる。
上質な甘エビが手に入った時に作る料理で、
子を抱いている時季ならこれも添えるとよい。

1 甘エビの頭を遠火でゆっくりと焼く。焦がすと苦味が出るので、気をつける。

2 水、酒、ショウガの薄切り、昆布を合わせた鍋に入れて、エビのエキスを煮出す。漉す。

3 **2**のだしよりやや多いくらいの量の豆乳を加え、淡口醤油で味をつける。

4 水溶き葛を加え、ガラス器に流し、冷やし固める。タイの中骨から取っただしにゼラチンを煮溶かしたゼリーを流し、刃叩きしたオクラと甘エビの身をのせる。

鱧とセロリの南蛮漬

甘みがあるタマネギは使わずに、セロリだけのさっぱりとした
酢味で漬け込んだハモの南蛮漬。骨切りしたハモが
残ってしまいそうなときに、仕込んでおくとよい。

1 1枚に開いたハモを骨切りし、半身に切ったのち、ひと口大に切り分ける。
2 塩をふり、小麦粉で打ち粉する。
3 てんぷらよりも低めの温度で軽く色づく程度に油で揚げる。
4 セロリの皮をむき、笹打ちする。
5 立て塩に浸け、しんなりさせる。
6 固く絞る。
7 トウガラシを加えた南蛮酢に、**6**のセロリと**2**のハモを浸ける。

南蛮酢：水5、酢1、ミリン1の割合で合わせ、濃口醤油、塩、砂糖少量で味をととのえる。

蓴菜もずく

土佐酢に浸けたモズクに、色出ししたジュンサイを合わせた酢の物。
モズクは一度土佐酢に仮浸けして、酢が薄まったら引き上げて、
あらためて新しい土佐酢に浸けなおすとよい。

1 モズクを洗う。適宜な長さに切り分ける。
2 熱湯に落とす。
3 色が変わったら、流水に取る。
4 ジュンサイも同様に洗って、表面のぬめりがとれないようザルごと湯に浸けてしばらく加熱し、色出しする。
5 氷水に浸ける。
6 土佐酢にモズクを浸ける。仮浸けを30分～1時間したのち、引き上げて、新しい土佐酢に浸け直し、1日間おく。

土佐酢：酢、砂糖、ミリン、塩、淡口醬油、タカノツメの輪切りを合わせ、追いガツオをする。ショウガの搾り汁を加える。

鯛昆布じめ鯛子和へ

梅のたたき
山独活和へ

鮑酒蒸し炒め

鮎オランダ焼浸し

鯛昆布じめ鯛子和へ

筍　岩茸　菜の花浜防風和へ
白魚酒蒸し　茗荷葱　土筆

タイの昆布締めを細引きにし、
炊いたタイの子で和える。
ハモとハモの子で同様に仕立ててもよい。
冷めてもおいしい料理。

1 タイを昆布〆にし、細引きにする。

2 タイの子に切り目を入れて霜降りし、だし、淡口醤油、ミリン、針ショウガで炊く。

3 菜ノ花をゆでて、だし昆布で2時間挟み、昆布〆にする。ハマボウフウをゆでて、浸し地に浸ける。太白ゴマ油を加えて和え、味が足りなければ塩を加える。

4 タケノコを下ゆでし、ひと口大に切る。だし、多めの酒、淡口醤油少量、砂糖少量、ミリン少量の酒をきかせた地で炊く。

5 シラウオを姿よく一列に並べて、酒、塩をふって蒸す。

6 ツクシを灰アクを加えた湯でゆでて、水にさらす。淡口醤油をきかせた浸し地にひと晩浸ける。

梅のたたき山独活和へ

松の実　海苔　針葱

梅干しにカツオ節と海苔、ワサビ、
大葉ジソを加えてすり合わせた、
いわゆる鶯宿梅で山ウドを和える。
鶯宿梅は半年は持ち、貝やササミ、
豆腐に薬味として添えてもよいし、
白身の魚にのせて
アサツキを芯にして巻いたり、
大葉ジソと海苔にぬって
手巻きにするなどいろいろな料理に
応用できる。

1 梅干しの果肉1kgをすり鉢でする。煎ったカツオ節200g、あぶった海苔100gをすり鉢で合わせる。ワサビ少量、大葉ジソ50枚を加えてさらにすり合わせる。

2 山ウドを乱切りにし、酢水に浸けてアク止めする。**1**の鶯宿梅で和える。

3 煎った松ノ実、針ネギをのせる。

鮑酒蒸し炒め

菜の花　浜防風　炙り唐寿美

アワビの酒蒸しをゴマ油で炒め、
野菜の浸しとともに盛り合わせ、
カラスミを崩して和えながら食べてもらう。

1 アワビの酒蒸し(9ページ)をひと口大に切って、太白ゴマ油で炒める。

2 菜ノ花、ハマボウフウをゆでて、浸し地に浸ける。

3 カラスミを自家製していて皮がやぶれてしまったものをほぐし、丸めて、バーナーであぶる。

鮎オランダ焼浸し

独活　赤万願寺　針葱　針南瓜

鮎のにんぴん漬けは
骨つきの丸のままなのに対し、
開いて揚げてから土佐酢で洗った。
骨がないので固くなく、
頭からぱりぱりと食べられる。

1 アユを1枚に開いて、薄塩をあて、脱水シートで挟んで一夜干しにする。

2 片栗粉をつけて、揚げる。天火で焼き目をつける。

3 土佐酢でさっと洗う。

4 赤の万願寺トウガラシの種を取って、せん切りにし、酒、淡口醤油、ミリンで酒煎りにする。針ネギと針ナンキンを混ぜ合わせ、拍子木に切ったウドとともに天に盛る。

焼茄子玉子味噌

鱧の子と鱧笛の玉〆

平政漬けの花山葵和え

賀茂茄子うにゼリー

焼茄子玉子味噌

芽葱

焼きナスに卵でふんわりと
かきたてた味噌をたっぷりのせた。
焼きナスを細かく切って、
玉子味噌の中に入れ、
玉子とじ風にしてもよい。

1 ナスを焼いて、皮をむく。だし、ミリン、淡口醤油を沸かし、ナスを入れて鍋止めする。

2 ナスの煮汁に、白味噌を溶き、とき卵を加えてスクランブルエッグ状にする。

3 玉子味噌を焼きナスの上にかける。芽ネギをのせる。

鱧の子と鱧笛の玉〆

三つ葉　山椒

ハモの子と笛を卵とじにした。
ハモの笛はゼラチン質なので
加熱しすぎると溶けてしまうので、
仕上り直前に入れる。
味噌汁にしてもよいし、
ハモしゃぶの具にしてもよい。

1 ハモの子を下ゆでして、だし、ミリン、淡口醤油、針ショウガで炊く。

2 ハモの笛(浮き袋)の内側の膜を除き、ハモの子の鍋に入れる。

3 玉子でとじる。香りにミツバを添え、サンショウの粉をふる。

平政漬けの花山葵和え

青のり

料理名は“漬け”であるが、
ヒラマサは醬油洗いにしており、
白身魚でも作れる。
刺身を山葵醬油で食べるのを
花ワサビと醬油の組み合わせに置き換えた。

1 ヒラマサをさくに取り、切り分けて、銀皮の部分に格子に包丁目を入れる。濃口醬油で洗う。

2 花ワサビを適宜な大きさに切って、塩でもむ。40℃くらいの湯をかけて密閉し、冷めるまでおく。塩を水で洗い流して絞り、だし、淡口醬油の浸け地で浸ける。

3 ヒラマサと花ワサビを混ぜ盛りにし、四万十川の青ノリ(スジアオノリ)を添える。

賀茂茄子うにゼリー

ふり柚子

焼いた賀茂ナスと生ウニは
王道の組合せだが、ここでは
冷やし炊合せの形に仕立てた。

1 賀茂ナスの皮をむき、切り分けて、油通しする。

2 油抜きをし、だし、ミリン、淡口醬油で炊く。

3 タイの中骨からとったゼリー(11ページ)をかけ、生ウニをのせる。

あさりと菜の花の芥子漬

きつね昆布

鶉味噌 焼き大根

白滝と糸昆布の真砂煮

あさりと菜の花の芥子漬

うるい　防風

定番の菜の花の芥子漬をアサリ、
ウルイとともに盛り合わせる。
ゆでたアサリを後から加えるのではなく、
アサリの煮汁を使って芥子漬の地を作る。

1 アサリは殻から身を取り出し、酒塩で炊く。固くなる前に引き上げる。

2 炊いた煮汁にだし、味が足りなければ塩、香りづけ程度の濃口醤油を加える。ときガラシを加える。

3 煮汁が冷めたらアサリを戻し入れ、塩ゆでした菜ノ花とウルイを一緒に浸ける。

4 アサリと菜ノ花、ウルイを盛り、ボウフウをのせる。

きつね昆布

だしを取ったあとの厚みのある真昆布を
再利用する料理。薄い味の地で煮始めて、
ちょうどよい濃さになったところで
油揚げを入れる。
油揚げは煮汁を吸いやすいので
あまり煮過ぎないこと。

1 油揚げを熱湯に落として油抜きし、8つに切り分ける。

2 だし昆布を酒、水、濃口醤油、砂糖でことことと煮る。

3 油揚げとサンショウの有馬煮を加えて、汁が残る程度に煮上げる。

鶉味噌　焼き大根

鶉味噌は作りおきがきくので、
仕込んでおいて
野菜のディップなどに用いるとよい。
ここではぱりぱりした歯ごたえの
干しダイコンで挟んだ。

1 江戸甘味噌に砂糖を加え、火にかけて練る。

2 別鍋でウズラの挽き肉を赤酒、砂糖で酒煎りし、味噌の鍋に加えてさらに練る。

3 ダイコンの輪切りを薄切りにして、歯ごたえが残る程度に天日干しにする。

4 ダイコンで鶉味噌を挟んで、あぶって焼き目をつける。

白滝と糸昆布の真砂煮

シラタキを少量の煮汁で
煎るように加熱して、火を止めて、
余熱でメンタイコに火を入れる。
大量に作るのであれば
メンタイコも少し煮てもよいが、
加熱しすぎて白くならないように
気をつける。

1 シラタキを5〜6ｃｍの長さに切り分けて、ゆでて石灰を抜き、ザルに揚げる。

2 糸昆布を水でもどして、さっとゆでてぬめりを取り、ザルに揚げる。

3 だしに塩少量を加え、シラタキを加えて煮含ませる。煮汁がほんの少し残ったところで火を止めて、ほぐしたメンタイコと糸昆布を加える。

煮蛸と叩きおくら

すっぽんの卵の
醤油漬

鮑の西京味噌漬

鶏味噌と実山椒

煮蛸と叩きおくら

柔らかく蒸し煮にしたタコと
叩きオクラを合わせた。
煮蛸は一度仕込めば3日間は持つので、
揚げ物や芥子和え、
蛸ご飯などに利用している。

1 タコを糠で洗い、すりこぎで叩いて繊維を柔らかくする。

2 熱湯に落として霜降りにしたのち、吸盤を掃除する。

3 鍋にだし、酒、砂糖、濃口醤油を合わせて、ショウガのスライスを加える。タコを入れて味をみて、蒸し器に鍋ごと入れて1時間蒸す。煮汁に浸けたまま丸1日おき、味を含ませる。

4 オクラを塩ゆでして、刃叩きし、だし、塩を加える。

すっぽんの卵の醤油漬

スッポンの内子は鍋の具などに使われるが、
火が入りすぎるとぼそぼそしてしまう。
その点、醤油漬けはとろりとして卵らしく、
酒の肴に適している。
漬け込む時間で味の濃さが変わり、
好みで1日漬け込むだけでも提供できる。

1 雌のスッポンをさばいて、内子を取り出す（内子の量は個体差が大きく、1〜2尾分が目安）。血管などを掃除する。

2 割醤油で洗ったのち、新しい割醤油に3日間浸ける。

鮑の西京味噌漬

アワビを西京味噌(白味噌)に漬け込み、
薄く切り出して提供する。
エンガワはあえてつけたままにして、
コリコリした歯ごたえを楽しんでいただく。
1週間は保存できる。

1 アワビをきれいに磨いて、殻からはずす。

2 白味噌に酒少量、淡口醤油少量を加えた漬け地にどぶ漬けする。

3 4〜5日間漬け込み、取り出して味噌を拭き取る。飾り包丁として細かく包丁目を入れて、ごく薄く切り出す。

鶏味噌と実山椒

茗荷　大根　胡瓜

鶏のミンチと白味噌を合わせた調味味噌は、
生野菜のほかにも、ナガイモや
焼いたキノコ類などに合う。
冷凍もきくので、仕込んでおくと重宝である。

1 細かく挽いた鶏のミンチに、白味噌、すりおろしたタマネギ、全卵を加える。砂糖、塩、淡口醤油で味をととのえる。

2 30〜40分間弱火にかけて練り込む。実ザンショウの水煮を加える。

3 ミョウガ、ダイコン、キュウリの拍子木切りを添える。ディップのように鶏味噌をつけて食べていただく。

第5章
干物や珍味を使って

日本人の智恵の詰まった、
日持ちする塩干物を使った
酒の肴

柔らか唐寿美と餅のはさみ揚げ

木の芽

正月のめでたい素材であるカラスミを餅で挟んで揚げた、
白とオレンジのコントラストの美しい料理。カラスミは自家製の
ソフトタイプのものを用いており、柔らかい餅とよくなじんでいる。

1 柔らかい自家製のカラスミ（162ページ）を、断面が大きくなるように斜めに薄切りにする。
2 薄切りのモチ2枚に打ち粉をして、カラスミを挟む。
3 薄めのてんぷらの衣にくぐらせる。
4 モチが膨らんで破裂しないように、やや低めの油で揚げる。

このわた茶碗蒸し　山葵

なめらかな茶碗蒸しにコノワタをのせて、
その塩味と旨みで食べていただく。
コノワタは茶碗蒸しの中に溶き入れてもよい。

1

2

3

4

5

6

1 全卵をしっかりとかき立てて卵白の腰をきる。これを怠ると漉した際に卵白の一部が除かれて固さが変わってしまう。

2 だし、淡口醤油を加える。

3 漉し器に通して、からざなどを除き、なめらかにする。

4 器に流す。泡はつぶしておく。

5 水滴が落ちないようにアルミホイルで蓋をして、6〜7分間蒸し器で蒸す。たくさん蒸し器に入れる場合は巻き簾で蓋をしてもよい。串を刺すと透明な汁がにじみ出てきたら蒸し上がり。

6 コノワタを広げて刻み、茶碗蒸しにのせる。ワサビを添える。

白瓜雷干唐墨まぶし

シロウリを雷のようにらせん状にむき、ぱりっとした触感になるように
風干しするのが雷干し。これに、切り出したカラスミの端を利用して
和えものにした。カラスミをおろさずに粗くきざんで、
触感を変えるのもよい。カラスミ和えは野菜ならば干したキュウリなど、
魚介ならイカやタコの細切りなどにも使える。

1 シロウリを適当な長さに切り分け、芯を打ち抜きで抜き取る。
2 芯の穴に一回り細い打ち抜きを差し込み、転がしながららせん状に切る。
3 切り終えたシロウリを、昆布を加えた立て塩に浸ける。
4 金串などに通して干す。
5 適当な長さに切り分ける。
6 カラスミをおろし金でおろし、シロウリと和える。

口子蒸しずし

自家製のソフトタイプのクチコを棒状に切って、たっぷりとのせたすし。
蒸してはいないが、炊きたての熱いご飯に熱いすし酢を加えているので、
“蒸しずし”とした。クチコは通常は生コノコをひもに掛けて
三角形の形に干して作るが、バットに広げて干しているので、完成品は四角くなる。

1

2

3

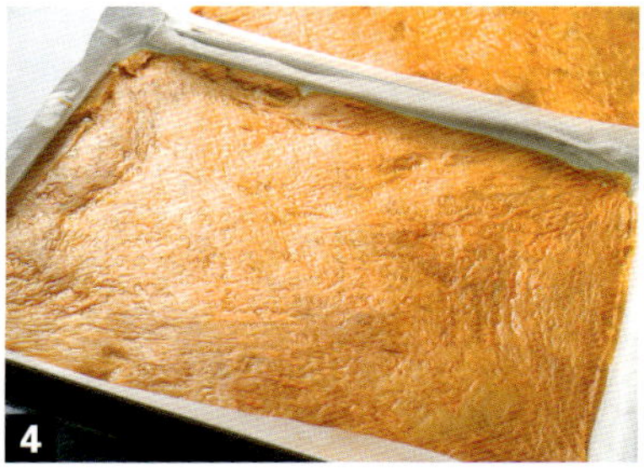
4

5

6

7

1 生コノコに酒と塩を加える。

2 汚れが入っていたら（写真中央の黒ずんだ部分）、つまみ取る。

3 ザルにとって半日水きりしたのち、オーブンシートを敷いたバットに広げる。

4 営業中は厨房の空調の近くなど風の当たる場所におき、営業後は冷蔵庫で干す。写真は1日乾燥した状態。

5 触ってみて張りつく感触で乾燥具合を確かめる。

6 3日間乾かしたらクッキングシートからはがして、裏返して再び乾かす。

7 7〜10日間乾かしたら完成。面積は半分ほどに縮む。真空パックにかけて冷凍保存する。

すし飯：酢に塩、砂糖を加え、差し昆布し、火にかけて煮溶かす。炊きたての熱いご飯に混ぜ合わせる。

車海老生このこかけ

板くらげ酒盗ソース

みる貝酒盗漬

鯛昆布〆炙り唐寿美

車海老生このこかけ

朝鮮人参の薄衣　天豆艶煮　山椒塩

塩味の生コノコをかけた車エビと
朝鮮ニンジンの白仙揚げに、
甘いソラマメの蜜煮を組み合わせた。
珍味をふんだんに使った
めでたい料理なので、
雪が積もる松をかたどった器に盛り、
1月に提供する。

1 車エビの頭を除いてのし串を打ち、半生の状態にゆでる。殻をむき、浸し地に浸ける。片栗粉を水で薄めに溶いた衣をつけて揚げる。

2 朝鮮人参に同様に片栗粉の衣をつけて揚げる。塩をふる。

3 ソラマメの皮をむき、薄蜜で炊いて、そのまま冷まして味を含ませる。

4 のし串を抜いた車エビ、朝鮮人参に生コノコをかけ、ソラマメの蜜煮を添える。

板くらげ酒盗ソース

白菜　芽葱　水前寺海苔

柔らかな板クラゲに酒盗を
卵で練ったソースをかける。
この酒盗ソースは
冷たくても温かくても使えるもので、
ディップとして野菜にかけてもよいし、
昆布だしで温めた豆腐に
たっぷりのアサツキとともにかけてもよい。

1 特上の板クラゲを塩抜きして、5mmほどの幅の短冊に切り分ける。55℃の湯で霜降りにし、冷水に浸ける。昆布だし（味つけはしない）に浸ける。

2 酒3で酒盗1を煮溶かした酒盗地1合に対し、Mサイズの卵1個を加えて火にかけ、酒盗ソースにする。

3 水前寺ノリを水に浸けてもどし、薄蜜で炊く。拍子木に切り分ける。ハクサイ、芽ネギも長さを揃えて切り分ける。

みる貝酒盗漬

水茄子塩漬　新牛蒡きんぴら
木の芽

ミル貝を酒盗地に浸けて、天火であぶる。
野菜であれば酒盗ソースが合うが、
酒盗地のほうは貝類や
牛肉などを浸けるのに用いる。
カラスミに加工する前の
ボラの卵巣を浸けてあぶってもよい。

1 ミルガイの殻から身を取り出し、水管を熱湯に浸けたのち、全体を沈めてゆでる。

2 色出ししたミルガイを掃除して、酒盗地（酒3に酒盗1を溶かしたもの）にひと晩浸ける。

3 天火であぶって、細切りにする。

4 塩漬けの水ナスを薄く切る。

5 新ゴボウをきざんでゴマ油で炒め、酒、濃口醤油、一味トウガラシを加えてきんぴらにする。

鯛昆布〆炙り唐寿美

蕗　岩茸　梅金時人参

自家製のカラスミをあぶり、
タイの昆布〆の上にのせ、
なますのイメージで
その塩味で食べていただく。
内金のほうらくの器に盛って、
1月に提供する。

1 タイの上身をだし昆布で挟み、昆布〆にする。

2 フキをゆでて浸し地に浸ける。縦に細く切り分ける。

3 金時ニンジンを梅の形にむく。赤の梅肉を薄蜜に同割加えた地で炊く。

4 タイの昆布〆を細切りにし、器に盛る。フキ、金時ニンジンを添える。あぶった自家製カラスミ（ハードタイプ。162ページ）を薄く切ってのせる。

あじ干物酢の物

干し子と青菜お浸し

アスパラ酒盗漬け

菜の花とにしんの親子和え

あじ干物酢の物

胡瓜　生姜　胡麻　茗荷　土佐酢

甘い魚ダレと干物の塩分、
土佐酢の酸味と
キュウリのしゃきしゃき感を合わせる。
干物は惣菜のイメージがあるせいか
料理店ではあまり使われないが、
焼いてほぐし、お浸しと和えてもよい。

1 アジの干物を網にのせ炭火で焼く。

2 笹打ちしたキュウリを立て塩に浸けてしんなりさせ、水気を絞る。薄く塩味が残るよう水で洗う。針ショウガを混ぜ合わせる。

3 酒、ミリン、濃口醤油、砂糖を合わせて火にかけ、魚ダレを作る。

4 キュウリとショウガを盛って、ゴマをふり、アジの干物をのせ、酢取りミョウガを天に盛る。酢、だし、ミリン、濃口醤油を合わせて追いガツオをした土佐酢を器に張り、魚ダレをかける。

干し子と青菜お浸し

干しコノコを青菜にたっぷりとのせて、
その塩味で食べていただく。
コノコは食事が進んで
お腹がふくらんできたときの
酒の肴であればそれのみを
香ばしく焼いて提供するとよいが、
食事の最初なので、
もどしてもっちりとした食感にした。

1 ホウレン草を塩湯でゆでて、だし、淡口醤油の浸し地に浸ける。

2 干しコノコを水に浸けてふやかし、棒状に切ってホウレン草の浸しにのせる。

アスパラ酒盗漬け

ホワイトアスパラガスを
煮きり酒で煮出した酒盗で浸ける。
酒盗地は、ウドやズイキ、糸ウリ、カブ、
ダイコンなど、淡白な野菜なら何でも合う。

1 酒盗をきざんで煮きり酒で煮出す。

2 ゆでたホワイトアスパラガスを酒盗地に浸ける。

菜の花とにしんの親子和え
塩昆布

鮮度のよい子持ちのニシンの子を
取り出して、菜ノ花にまとわりつかせて
ニシンと和え、アクセントとして
塩昆布を加える。ニシンの子が
塩分と出会うとくっつきやすくなるのを
利用して、真砂和えのように仕立てた。

1 子持ちのニシンを三枚におろす。

2 ニシンの身の骨を抜き、酢、水、砂糖、塩を合わせた地に浸けて締める。

3 菜ノ花を塩湯でゆでて、だし、淡口醤油の浸け地に浸ける。

4 ニシンの卵巣の皮をやぶって卵を取り出し、醤油で味をつける。

5 菜ノ花と適宜な大きさに切ったニシンを**4**のニシンの子で和える。塩昆布を加える。

畳鰯霞焼　畳鰯チーズ

きす干し　鮑烏賊　穴子一夜干し

松葉きす

長芋素麺このわた掛け

畳鰯霞焼　畳鰯チーズ
蚕豆蜜煮

エビのみぞれ肉と
クリームチーズを塗った
畳イワシを軽くあぶって提供する。
エビをぬったものは素揚げにしてもよい。
揚げるとくるりと丸まって、形も面白い。

1 畳イワシに刃叩きしたエビの身をごく薄くぬる。

2 畳イワシのすき間が埋まるくらいの量のクリームチーズをぬる。

3 それぞれあぶって火を通す。

4 ソラマメの皮をむき、水から煮て、途中で砂糖、塩少量を加える。

きす干し　鮑烏賊
穴子一夜干し

自家製の干物を3点盛りにした。
鮑烏賊は火を通したイカを干しているので、
スルメイカのような臭みは出ない。
ここでは固く干したものを
ごく薄く削っているが、
水でもどせば烏賊の燻製のような
柔らかさになる。

1 キスを三枚におろし、腹骨をかいて小骨を取る。酒、塩、ミリンをからませて、尾に串を通してぶら下げて、一日干す。

2 そのまま焼くと丸まりやすいので、軽くすりこぎで叩いてからあぶる。

3 身の厚い甲イカを開いて、たまり醤油、酒、ミリンの地にひと晩浸ける。串を打って、遠火で焦がさないようにしっかり焼く。

4 串を通して、かちかちになるまで陰干しにする。カツオ節を削る鉋で薄く削る。

5 アナゴを一枚に開いて縦に切り分ける。三つ編みにして酒塩に1時間浸けたのち、串を通して一日干す。遠火であぶる。

松葉きす

師匠の宮澤退助氏が好きだった仕事。
2本のキスで挟むので松葉きすという。
蒸すとふくらんで
すき間ができてしまうので、
軽く重石をかけて蒸す。

1 キスを三枚におろし、腹骨をかいて小骨を取る。

2 身側に片栗粉を打ち、エビのすり身を薄くぬる。板ウニを薄く切って、2枚のキスで挟む。

3 ラップ紙で包み、ふくらんでしまうので、軽く重石をかけ、さっと蒸す。火が通ったあとも重石をかけておき、落ち着かせる。

長芋素麺このわた掛け

山葵　ふり柚子

コノワタの塩味で
細切りにしたナガイモを食べていただく。
長芋素麺には、
カラスミをふってもよいし、蕎麦つゆで
麺として食べていただいてもよい。

1 ナガイモを薄く切り分け、素麺状に細切りにする。

2 刃叩きしたコノワタをのせる。すりユズをふり、ワサビを添える。

蕪ふろふき口子添え

加賀太瓜うるか掛

鯛の唐墨和え

烏賊の昆布〆
このわた和え

蕪ふろふき口子添え

無農薬栽培のカブを
あつあつに炊き、味噌の代わりに、
あぶったクチコ(干しコノコ)をのせた。
料理名はふろふきであるが、
ふろふきよりもごく薄い味をつけて、
クチコの塩味と香りで食べていただく。

1 カブを厚めに六方にむく。米のとぎ汁でゆでる。

2 昆布だし、酒、ミリン少量、塩でごく薄く味をつける。

3 自家製のコノコ(111ページ)を切り出して、炭火であぶってのせる。

加賀太瓜うるか掛

少し塩味が残る程度に加減した
加賀太キュウリを、
自家製の苦ウルカで和える。
ウルカ作りは鮮度のよいアユを使うのが
第一で、川が安定している時季の
アユの内臓から作れば、
砂が嚙むのを防ぐことができる。
和え物や鮎のうるか焼に用いるほか、
鮎ご飯に混ぜるなどの
シンプルな使い方が好まれるが、
銀あんにかくし味程度に加えたり、
鶏の抱き身に挟んで揚げるなど、
調味料的な使い方もある。

1 加賀太キュウリの皮をむいて、薄切りにする。塩をあてたのち、洗って、水気を絞る。

2 苦ウルカ(鮮度のよいアユの内臓をはずして、塩、酒をふって1年間冷蔵保存したもの)に酒、塩を加えて味を調整し、苦すぎれば好みで砂糖をごく少量加える。**1**の加賀太キュウリを和える。

鯛の唐墨和え

細く切ったタイにねっとりした
自家製のカラスミですすめる。
タイは活かったぷりぷりの状態でも、
ひと塩をしたもっちりした状態でもよい。
カラスミはソフトタイプとハードタイプの
2種類を仕込んでおり、
ソフトタイプは全体をべた塩でおおわず、
塩抜きもしない。

1 ボラの卵巣の血管を掃除して、玉酒(水で割った酒)の中でもみ洗いし、血を抜く。塩をふったバットにのせ、ボラの上に棒状に塩を盛る。

2 にじみ出てきた水分を捨てながら、3日間塩漬けにする。玉酒で洗う。

3 厨房の風のあたるところに、営業後は冷蔵庫に入れて、1～2週間干す。

4 タイの上身に薄塩をあてて、拍子木に切る。棒状に切った半生のカラスミで和える。

烏賊の昆布〆このわた和え

三つ葉

ケンサキイカを昆布〆にして、
コノワタで和えた。コノワタ和えは、
タイラ貝やミル貝など
甘みのある貝類や白身魚なども相性がよい。

1 ケンサキイカを開いて掃除し、軽く薄塩をあてる。真昆布で挟み半日～1日間(イカの厚みによって調整する)昆布〆にする。

2 3～4ｃｍ幅に切り分け、コノワタで和える。

第6章

麺やご飯など おしのぎ

左党でもちょっとお腹を
落ち着かせたくなる
軽いご飯ものや麺類

蓮の実と百合根の飯蒸し 黒豆 紫蘇

飯蒸しはハスの葉でちまきのように包んで蒸す作り方もあり、それはそれで
薄紅色で美しい料理だが、ここではだしを加えてリゾットのように水分をとばし、
旨みを含ませる方法をとった。薄く甘く味をつけたハスの実と、
味がしっかりついてコクのあるモチ米がよく合う。

1

2

3

4

5

1 モチ米に酒をふって蒸す。
2 鍋に入れ、酒、塩、淡口醤油を加えただしを加える。
3 焦げつかないようにかき混ぜながら水分をとばす。
4 ハスの実をひと晩水に浸けてもどし、だしで1時間柔らかく炊く。砂糖、淡口醤油で味をつける。
5 ユリ根に塩をふって蒸す。**3**の飯蒸しにハスの実、黒豆の蜜煮とともに加え混ぜる。青ジソのせん切りをのせる。

黒豆：クロマメを米のとぎ汁に浸けてひと晩もどし、そのまま鉄鍋に入れてことことと12時間煮る。水に1時間さらし、ザルに上げて1時間おく。蜜（水1升に対し砂糖300g）に入れて2時間煮る。濃い蜜（水1升、砂糖500g）を足し、さらに2時間煮たのち、より濃い蜜（水1升、砂糖700g）を加えて再び2時間煮る。煮汁に浸けたままおき、翌日濃口醤油を加える。

かます飯　糸みつば

雑食で身が柔らかいカマスは鮮度落ちしやすい魚だが、
刺身でも食べられる活きのよい大型のものを使って
ざっくりとすし飯と合わせた、冷めてもおいしいすし。
カマスはあらかじめ塩をふって生臭みを抜いたのち、
皮目だけに塩をふって炭火で焼く。

1

2

3

4

5

6

7

8

1 カマスを水洗いして、三枚におろす。水洗いの際は、ウロコが柔らかいので、ウロコ引きではなく貝むきを使うとよい。

2 腹骨を欠き、深く食い込んだ小骨を抜く。

3 抜き板に塩をふって皮目を下にしてカマスをのせ、ふり塩をする。20分間おく。

4 串を打って、皮目にのみ塩をふる。

5 皮側を炭で焼き、焼き上がりの熱いうちに皮にユズの搾り汁をかける。

6 切り分けて、すりおろしたユズをふる。

7 飯にやや多めのゴマを混ぜる。

8 寿司酢を合わせて、ややしっかりめの味つけにする。直接飯にかけるのではなく、宮島に当てて散らしながらかける。

寿司酢：酢90cc、砂糖45g、塩14g、昆布5cm角を合わせて、沸かす。

穴子蕎麦寿司

とろろ　浅葱　蕎麦つゆ

蕎麦をすし飯替わりに海苔巻きにするのが蕎麦ずしだが、
ここではちょっと贅沢に焼アナゴを芯にした。蕎麦はすし飯よりも柔らかくて
切り分けづらいが、海苔を巻いて少しおいてぴんと張るのを待ち、一息に切る。

1 アナゴを一枚に開いて串打ちし、魚ダレを2、3回かけながらたれ焼にする。
2 縦に切り分ける。
3 巻き簾の上に焼海苔を広げ、ゆでた蕎麦をのせる。アナゴを2本のせる。
4 焼海苔の端をぬらしておく。巻き簾で転がし、巻く。
5 ぬらした端を手前に持ち上げて巻きつける。
6 全体を巻き簾で巻き締める。
7 ぬらした布巾をかぶせてしばらくおくと、締まって張ってくる。
8 包丁で一気に切り落とす。

魚ダレ:魚の中骨、濃口醤油、赤酒、酒少量を合わせて煮る。
とろろ:ヤマイモをすりおろして、蕎麦つゆ(水7、赤酒1、濃口醤油1にカツオ節を入れ、3割まで煮つめる)を加えて味をととのえる。

蛤うどん　糸三つ葉

ハマグリを多めの酒と昆布だしで酒煮にして、
その煮汁を汁とし、ハマグリを具としてうどんに仕立てる。
ハマグリが固くならないように、火を入れたら引き上げて、改めて浸け直す。

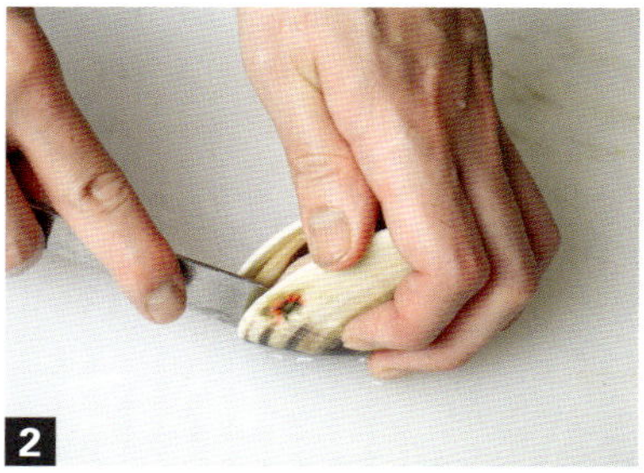

1 ハマグリの貝の隙間から貝むきを差し込んで、貝柱を殻から切りはずす。

2 ハマグリを裏返して、反対側の貝柱も殻から切りはずす。

3 多めの酒、昆布だし、ミリン少量、塩を合わせ、殻からはずしたハマグリを加熱する。

4 沸かさないようにことことと加熱し、ハマグリが固くならないうちに引き上げる。

5 残った煮汁を沸かして、浮いてきたアクを除く。煮汁を漉し、塩で味をととのえ、ショウガの搾り汁を加える。

6 冷めたらハマグリを戻し、浸け込む。稲庭うどんをゆでて冷水で締め、ガラスの器に盛り、浸け汁を張り、切り分けたハマグリと軸ミツバをのせる。

冷そうめん雲丹ソース

子持ちやり烏賊
黄身飯射込み

鳴門稲荷寿し

手鞠寿し
細魚　車海老　笹身

冷そうめん雲丹ソース

山葵　鼈甲あん　青柚子

ウニの冷製パスタのイメージで、
素麺に生ウニをのせた。
素麺はくっつきあわないように
太白ゴマ油をからめておくとよい。

1 素麺をゆでて冷水にとり、ザルに上げる。塩をふり、太白ゴマ油をからめる。

2 ガラス器に盛り、だしに濃口醤油、ミリンで味をつけて、薄葛を引いた鼈甲あんをかける。

3 豆乳のベシャメルソース(187ページ)にウニを加えたソースを少量かける。

4 生ウニをたっぷりのせ、ワサビと青ユズのせん切りをのせる。

子持ちやり烏賊黄身飯射込み

酢取り防風　グリンピース蜜煮

子持ちのヤリイカの胴にモチ米を詰めて
烏賊めし風に仕立てる。
ここに詰めるモチ米も、
128ページの蓮の実と
百合根の飯蒸しと同様に
だしを加えてコクをつけているが、
さらに卵黄とヤリイカの足も加えている。

1 子持ちのヤリイカを掃除して、内臓と足をはずす。足は酒煎りにする。

2 モチ米を酒蒸しする。ゆで玉子の卵黄を鍋で煎る。砂糖、塩少量で味をととのえ、モチ米に加える。きざんだヤリイカの足も加える。

3 ヤリイカの胴に軽く塩をして、**2**のモチ米を詰めて、楊枝で止める。

4 赤酒、たまり醤油、濃口醤油を合わせて作った魚ダレをぬって、照り焼にする。

5 断面を見せて切り分け、酢取ったボウフウと、薄蜜で炊いたグリーンピースを添える。

鳴門稲荷寿し

鯛　車海老　うるい　べったら

薄揚げを開いてご飯を詰めるのではなく、
海苔のように広げて巻きずしにする。
酒の肴なので、タイと車エビの具を
多めに入れ、すし飯は少なめにする。

1 薄揚げを切り開いて油抜きし、淡口醤油、酒、ミリンで薄甘く炊く。

2 ウルイをゆでて白醤油で仕立てた浸し地に浸ける。巻き簾の上に広げる。

3 タイの上身を観音開きにして、5mmくらいの厚さに揃える。

4 車エビにのし串を打ってゆで、殻をむき、酒をきかせた浸し地に浸ける。

5 巻き簾に薄揚げを広げ、ウルイをのせる。タイを敷き詰め、車エビをのせる。ご飯にすし酢(米酢、塩、砂糖)を合わせた寿司めしを少量のせ、巻きずしにする。

手鞠寿し

細魚　車海老　笹身

黄身　花山椒　黒蒟蒻　山葵
桜葉　新生姜

サヨリ、車エビ、ササミをすし種にした
手鞠ずし。すし飯にも煎り玉子や
花ザンショウ、黒コンニャクを混ぜ入れ、
彩りを華やかにする。黒コンニャクは
淡白なササミと相性がよく、
このすしのみワサビを挟んで握る。

1 サヨリを上身にして、だし昆布で2時間挟み、昆布〆にする。ゆで玉子の黄身、砂糖、塩を加えて湯煎にかけて煎り玉子を作る。ご飯にすし酢(米酢、塩、砂糖)を合わせた寿司めしに少量混ぜ、サヨリをのせて手鞠ずしにする。

2 車エビにのし串を打ってゆで、殻をむき、酒をきかせた浸し地に浸ける。一枚に開く。花ザンショウを酒、淡口醤油で酒煎りにし、色がとばないよう鍋ごと冷やす。きざんですし飯に加え、車エビに抱かせて手鞠ずしにする。

3 ササミを切り開いて塩をして30分間おく。霜降りにする。黒コンニャクを小角に切って、蕎麦だしで炊き、すし飯に混ぜる。ササミにワサビを挟んで、手鞠ずしにする。

4 新ショウガを花びらにむいて、さっとゆでて、甘酢に浸ける。サクラの葉の上にのせて、手鞠ずしの上に飾る。

のどぐろ酢飯

鱧おこわ

じゅんさい梅素麺

からすみ飯蒸し

のどぐろ酢飯

海苔

油がのったノドグロが
しつこく感じられないように、
酢味のすし飯とともに食べていただく。
ざっくりと盛りつけて、海苔を添える。

1 ノドグロは酒1、ミリン1、濃口醤油1を合わせた地に15分間浸けて、焼く。

2 すし飯(131ページ)、ノドグロと交互に重ねて盛る。焼きノリを添える。

鱧おこわ

針生姜　木の芽

ふわふわに焼き上がったハモと、
もちもちしたおこわを組み合わせ、
食感のコントラストを楽しんでいただく。

1 骨切りしたハモに串打ちし、魚ダレを身に1回、皮に1回かけてたれ焼にする。

2 モチ米を蒸す(次頁からすみの飯蒸し参照)。

3 魚ダレを少量かけて、サンショウの粉をふる。針ショウガと木ノ芽を添える。

じゅんさい梅素麺

茄子　おくら　生姜

素麺をナスやオクラなど
夏の野菜でさっぱりと仕立てた。
素麺は酒盗やアワビの肝醤油で和えて、
酒の肴としてもよい。

1 オクラをゆでて刃叩きする。

2 ナスを焼いて、皮をむく。だし、淡口醤油、ミリンでさっと炊き、ひと煮立ちさせて鍋止めする。

3 梅素麺をゆでる。

4 梅素麺を盛って焼きナスをのせ、刃叩きしたオクラとおろしたショウガを盛る。だし、ミリン、淡口醤油に追いガツオした素麺の汁を張る。生のジュンサイを散らす。

からすみ飯蒸し

うっすらとおいしそうな醤油色がついた
モチ米にカラスミを合わせた。
モチ米に後から醤油を加えると
ばらばらになってくっつかなくなるので、
先に浸水しておく。

1 モチ米を醤油を加えた水で浸水して、25分間蒸す。

2 蒸し上がったらボウルに入れて、熱いうちに煮きり酒を混ぜる。米がつぶれなくなる。

3 カラスミを厚めに切り、飯蒸しと交互に盛る。

尼鯛実蕎麦蒸し

蕎麦田楽

かますの棒寿司と煮蛤

飯蒸しキャビア

尼鯛実蕎麦蒸し

山葵　海苔

アマダイからとった潮汁で実ソバをゆでる。
茶蕎麦を入れてもよい。
アマダイやハモの骨から潮汁を取る際には、
ネギの青い部分ではなく
タマネギを入れている。
青臭さのあるネギよりも甘みがでる。

1 アマダイを三枚におろし、塩をふる。適宜に切って蒸す。

2 丸抜きのソバの実をゆでてもどす。

3 アマダイの頭と骨を酒、水、塩、タマネギ、ショウガで煮て潮汁をとる。ソバの実を加え、水溶きした葛であんにする。

4 器にアマダイとソバの実を入れ、あんをかける。ワサビとノリを天盛りにする。

蕎麦田楽

そばがきを揚げて田楽に仕立てた。
ソバ粉100パーセントだと
どうしてもぼそぼそしてしまうので、
上新粉を加えている。

1 ソバ粉と上新粉を同量ずつ合わせ、水でよく練り上げる。塩と赤酒で下味程度の味をつける。

2 丸くとって油で揚げる。

3 白味噌と江戸赤味噌を赤酒でのばし、砂糖を加えて仕立てた田楽味噌をぬる。白の田楽味噌には木ノ芽をのせ、赤の田楽味噌にはケシの実をふる。

かますの棒寿司と煮蛤

茗荷　大葉　沢庵

焼き目をつけたカマスと
煮ハマグリをすしに仕立てた。
ハマグリは切り開いて
すし飯の上にかぶせ、
烏帽子に見立てている。

1 カマスを三枚におろし、昆布〆にする。皮目をさっとあぶる。

2 広げたラップ紙にのせ、すし飯をのせ、巻き整えて棒ずしにする。

3 ハマグリの殻を開いて掃除し、ヒモをはずす。水、酒、ミリン、砂糖少量、濃口醤油でさっと煮て、煮汁に浸け込む。

4 すし飯を丸く取り、切り開いたハマグリの身をかぶせる。木ノ芽をのせる。

5 タクアンの角切りと、ミョウガと大葉ジソのせん切りを合わせたものをあしらう。

飯蒸しキャビア

割胡椒

芽生会の勉強会で先輩から教わった料理。
キャビアの柔らかな食感と
塩加減はねっとりしたモチ米と相性がよく、
ご飯やすし飯では代用できない。

1 モチ米をひと晩浸水して、塩水、少量の酒をふりかけて蒸す。

2 器に盛り、キャビアをのせ、粗く割ったコショウをふる。

焼穴子寿司

鮑うどん

梅素麺

万願寺じゃこご飯

焼穴子寿司

ふきのとう

すし飯に春のほろ苦いフキノトウを加え、
にぎり寿司にした。
アナゴは白煮にしておき、
天火で香ばしく焼いている。
握りずしではあるが、
熱々なので箸で食べていただく。

1 アナゴを白煮にする（55ページ）。

2 フキノトウのつぼみの部分を刃叩きして、フライパンで焼く。すし飯に混ぜ合わせる。

3 すし飯の上にアナゴをのせて握りにし、サラマンダーで焼き目をつける。フキノトウのがくを素揚げにしてあしらう。

鮑うどん

雲丹　軸三つ葉

冷製のパスタを
日本の素材で作れないかと考え、
店の開業時から出している名物料理。
力強いアワビの肝に、
稲庭うどんの腰と太さがマッチしている。

1 鍋に昆布だし、酒、塩少量、濃口醤油を入れて沸かし、タワシで洗ったクロアワビを入れる。アクを引きながら1時間半煮る。煮汁に浸けたまま冷まして味を含ませる。

2 アワビの身と肝を殻からはずす。身を適宜な大きさに切り分け、殻は器としてとりおく。

3 アワビの肝と煮汁をフードプロセッサーにかけ、裏漉しする。酒、濃口醤油、太白ゴマ油を加えて味をととのえる。

4 稲庭うどんをゆでて**3**の肝のたれで和える。殻に盛り、アワビの身と生ウニとともに盛りつける。軸三ツ葉を添える。

梅素麺

紀州梅から煮出したエキスを
つゆにした素麺。
このエキスはダイコンを煮たり、
ナガイモを浸けてもよい。

1 紀州梅の梅干しをだしで15分弱煮て、ミリン少量、酒、塩で味を調整し、淡口醤油を加える。そのまま梅干しを浸けて4時間おき、エキスをさらに抽出する。

2 鍋ごと氷水に浸けて冷やす。

3 素麺をゆでて氷水で締め、ガラス器に盛る。梅干しごと**2**の汁を張り、すりユズをふる。

万願寺じゃこご飯

花かつお　土佐醤油ジュレ

万願寺トウガラシにジャコを混ぜた
すし飯を挟み、からみがよいように
土佐醤油のジュレで和えた
花ガツオを添えた。
素揚げにした万願寺トウガラシを
割醤油に浸けるのは、水っぽさを除くため。
緑色が飛ばないよう気をつける。

1 万願寺トウガラシに切り込みを入れて種を除き、素揚げにする。氷水に落として薄皮をむく。ごく薄い割醤油に10分間漬ける。

2 常温のご飯にすし酢をあわせたすし飯に、ジャコを混ぜ合わせる。

3 万願寺トウガラシにじゃこご飯を詰め、**3**つに切り分ける。

4 割醤油に粉ゼラチンを溶かしてゆるく固めた土佐醤油のジュレで花ガツオを和える。

第7章
ビールに合う酒肴

「とりあえずビールで」
食事を始める向きにうれしい、
ビールとの相性を意識した一品

夏鴨塩蒸し

梅のジャム　糸瓜　赤伏見唐辛子炙りおろし和へ

熱したダイコンおろしの中に入れることで低温調理したアイガモに、
相性のよい甘酸っぱいソースを添えた。なお寒い時期では
冷めるのが早すぎるので、すり鉢に湯を張るなどの工夫が必要となる。

1 アイガモの手羽や脂肪を切り落として形を整え、皮に切り目を入れる。
2 筋は取ってしまうと身やせして締まるので除かずに、その部分に重点的に針打ちする。
3 強火のフライパンに直接入れ、脂を落としながら表面に焼き目をつける。
4 たっぷりの量のダイコンおろしに酒、淡口醤油を加え、沸かして、その中に皮目を下にしてアイガモを入れる。タカノツメの輪切りも加える。
5 内側に布を敷いたすり鉢に、熱いままの鍋を入れ、ラップ紙で密閉する。
6 アルミホイルでおおい、木蓋で押さえて冷めるまで1時間おき、余熱で火を通す。

梅のジャム：青梅をゆで、種を取り、フードプロセッサーにかけ、酒、砂糖、塩で10分炊く。
糸瓜：3cmほどの厚さの輪切りにしてゆでる。冷水に落として中の糸状の実をほぐし、適宜な長さに切り分けて、浸し地にひと晩浸ける。
赤伏見唐辛子炙りおろし和へ：赤の伏見トウガラシを割って種を取り出す。ゴマ油をぬって、塩をふり、直火であぶる。アイガモを加熱したダイコンおろしを盛る。

枝豆ともろこしの塩昆布揚げ

エダマメとトウモロコシをまとめた夏らしいかき揚げ。
塩コンブの塩味と旨み、触感がアクセントになっている。
衣はつなぎとしてごく少量加えるだけなので、
ばらばらになってしまわないよう、気をつける。

1 エダマメに塩をまぶし、熱湯に落としてゆでる。薄皮をむく。
2 トウモロコシの芯から粒を切り出す。
3 エダマメとトウモロコシにごく少量の小麦粉で打ち粉をし、塩コンブを混ぜ合わせる。
4 卵を加えずに水のみで小麦粉を薄く溶いた薄衣を、**3**に少量加える。
5 穴杓子に**4**を取り、やや低温の白絞め油にそっと入れる。
6 泡が少なくなり、次第に浮いてきたら揚げあがり。

焼茄子利休漬

海老酒塩

皮をむいたナスを、八方だしにあたりゴマを加えた利休地に浸ける。
ナスは上下から炎であぶって皮を一気に焼くが、
このとき皮に包丁目を入れて塩をふっておくと、
焦げづらく、むきやすくなる。利休地は、
キノコ類のホイル焼やアナゴの白焼なども合う。

1 ナスに縦に包丁目を入れて、塩をふる。
2 焼き網にのせて火にかけ、同時にバーナーであぶる。
3 氷水に落として急冷する。
4 皮をむく。
5 あたりゴマを八方だしでのばし、とき芥子を加える。
6 **4**の焼ナスに縦に切り込みを入れ、**5**の利休地に浸ける。

海老酒塩：車エビを一枚に開き、酒塩でゆでる。

アスパラガスの海苔揚げ

下ゆでし、地浸けして味をふくませたアスパラガスに
すいていないバラバラなままの干し海苔をまぶしつけて揚げる。
切り分けて断面の緑と黒のコントラストを見せるのもよいが、
ナマコのような黒い棒状で提供して、驚きを演出してもよい。

1 アスパラガスの皮をむく。下ゆでする。
2 地浸けする。
3 小麦粉で打ち粉する。
4 片栗粉にときほぐした卵白を加えた衣にくぐらせる。
5 干し海苔を入れたボウルに移し、ゆり動かして全体にまぶしつける。
6 海苔が焦げないように160～170℃のやや低温で揚げる。塩をふってすすめる。

飯蛸の唐揚

唐寿美と
筍薄衣揚げ

かもじ牛蒡

鮑のかりんとう

飯蛸の唐揚

たたき甘海老酒盗　天豆薄衣揚げ
筍土佐煮

甘めの味つけの煮蛸にしたイイダコを
白仙揚げにして、塩辛にした甘エビを添えて
その塩味で食べていただく。
甘エビの塩辛は甘エビの子を加えてもよく、
海苔で巻いて提供するのもよい。

1 イイダコを掃除する。だし、濃口醤油、砂糖を鍋に合わせ、頭を先に入れて、火が通ったら足を入れて炊く。

2 煮汁をきって、片栗粉を水で薄めに溶いた衣をつけて揚げる。頭は輪切りにして断面を見せる。

3 甘エビに5%の塩を加えて1時間おいたのち、だし昆布で半日挟み、昆布〆にする。刃叩きする。

4 ソラマメの皮をむき、片栗粉を水で薄めに溶いた衣をつけて揚げる。

5 タケノコを下ゆでし、だし、酒、ミリン、砂糖、淡口醤油で炊く。煎ってぱらぱらにしたカツオ節をまぶす。

唐寿美と筍薄衣揚げ

蕗のとう炙り　山椒塩

カラスミはソフトタイプと
ハードタイプの2種類を作っており、
この料理にはソフトタイプを用いる。
カラスミに片栗粉の薄衣をつけて揚げる
贅沢な使い方は、
自家製だからこそできること。
また自家製ならば、干し始めて1日目の
ごく柔らかい状態のものを
切って提供するといった、
ごく限られた時季にしか出会えない味を
楽しんでもらうこともできる。

1 紀州産のボラの卵巣にべた塩をあてて6～10時間おき、水で洗い流す。焼酎で洗って、営業中は厨房の風の当たる場所で干し、営業後は脱水シートにはさんで冷蔵庫にしまう。ソフトタイプは3日間、ハードタイプは1週間干して完成。

2 自家製のカラスミに、片栗粉を水で薄めに溶いた衣をつけて揚げる。

3 タケノコを下ゆでする。だし、酒、ミリン、砂糖、淡口醤油で炊く。穂先には同様に片栗粉の衣をつけて揚げる。根元の太いところは輪切りにして、さらに4つに切り分け、柿の種をフードプロセッサーで砕いてまぶし、おかき揚げにする。

4 実ザンショウを電子レンジに入れ、何秒かに分けて加熱し、焦がさないように水分をとばす。冷めたらフードプロセッサーにかけ、塩を加え混ぜる。

かもじ牛蒡

焼天豆　みる貝炙り　たたき葉山椒

ごく細いせん切りにして揚げた、
髪の毛のようなゴボウ。
口の中でふわっとくだける触感と香りを
楽しんでいただく。

1 ゴボウをかつらむきにして、ごく細くせん切りにする。120℃の油で、煮るようなイメージで水分を飛ばすように揚げる。引き上げて塩をする。

2 ミルガイを殻からはずし、塩をふって焼き、細引きにする。

3 ソラマメの皮をむいて薄蜜で炊き、バーナーであぶって焼き目をつける。

4 ミルガイとソラマメを盛る。**1**のかもじ牛蒡をこんもりと盛り、木ノ芽をのせる。

鮑のかりんとう

はじき豆　葛素麺　肝正油

醤油洗いをして下味をつけたアワビに
片栗粉を打って揚げ、肝醤油ですすめる。
肝醤油にはゴマ油を加えて
火にかけて作ると生ぐささがなくなり、
艶が出る。

1 300gのサイズのアワビを掃除して殻からはずし、エンガワを切り取る。

2 身を適宜な大きさに切り分け、醤油で洗う。片栗粉をまぶして揚げる。

3 アワビの肝の先の部分をゆでて、裏漉しにかける。倍量の酒を加え、ゴマ油、濃口醤油、一味トウガラシを加えて火にかける。冷めたらガラス器に流す。

4 素麺を高温で色づかないように揚げる。

5 エダマメを塩ゆでして、さやから取り出し、薄皮をむく。

平貝とたらの芽唐揚げ

牡蠣淡雪

小鮎唐揚げあんかけ

鱧唐揚げ

平貝とたらの芽唐揚げ

葛粉をつけてクリスピーに揚げた
タイラガイ。外側はカリッと、
中はモチモチした食感になる。
片栗粉をつけて白仙揚げにしてしまうと、
ふわっとした舌ざわりになって、
ここまで食感のコントラストがつかない。

1 タイラガイの貝柱を薄くスライスして、葛粉をまぶし、余分な粉をはたいて落とす。

2 高温のサラダ油で色づくまで揚げる。塩をふる。

3 タラノ芽に小麦粉を水で溶いた薄衣をつけて揚げる。

鱧唐揚げ

メインの料理では使えない
尾の際のほうの半端な身や腹骨を、
こんがりとせんべい状に揚げる。
腹骨がくるくると巻いた姿も面白い。

1 ハモの尾のほうの身を骨切りする。

2 腹骨とともに風干しする。

2 高温のサラダ油でカリッと揚げて、塩をふる。

牡蠣淡雪

泡立てた卵白のふわっとした食感と
カキのクリーミーさを出会わせた。
写真ではカキをのぞかせたが、
泡立てた卵白で全体を覆って提供する。
塩味やカボスの味が
しっかりとついていないと
カキの生臭みが出てしまう。

1 カキを殻からはずして、食い味程度の薄い塩水に浸ける。

2 卵白を泡立てて、カボスの絞り汁、塩を加える。

小鮎唐揚げあんかけ

白髪葱

琵琶湖産の鮮度のよい小アユを揚げたてで、
アユそのものの味を楽しんでいただく。
南蛮漬けではないので
アユの香りを損なわず、
頭も骨もすべて食べられる。

1 小アユを小麦粉でカリッと唐揚げにする。

2 だし、ミリン、濃口醬油を合わせ、水溶き片栗粉でとろみをつけ、鼈甲あんとする。

胡瓜と生ハムの芥子酢

おひねり

泥鰌唐揚げ

陸鹿尾菜と笹身の芥子和え

胡瓜と生ハムの芥子酢

紅芯大根　黄人参　ピンクペッパー

生ハムと野菜に、加減酢で作った
和風ドレッシングをかけたサラダで、
赤ワインにも合う。
普通のハムでもよいが、
生ハムは日持ちするので
軽い1品として提供するのに便利である。

1 生ハムを薄く切る。

2 キュウリを蛇腹に切り、立て塩に浸ける。水洗いし、絞る。紅芯ダイコン、黄ニンジンを薄切りにする。

3 加減酢にときガラシを加え、サラダ油少量を加えた和風ドレッシングをかける。ピンクペッパーをのせる。

おひねり

春巻きの皮の残りが出たときに、
偶然思いついた料理。
おひねりのような可愛らしい形で、
南天の葉を添えた。

1 刃叩きした芝エビ、びしゃ玉、玉子の素、タマネギのみじん切りを混ぜ合わせる。

2 春巻きの皮に少量を取り、茶巾にする。

3 油で焦がさないように揚げる。

＊びしゃ玉　ときほぐした卵を火にかけてスクランブルエッグ状に火を通したもの。

＊玉子の素　ときほぐした卵にサラダ油を少しずつ加えてマヨネーズ状にかきたてたもの。

陸鹿尾菜と笹身の芥子和え

だしで割った芥子醤油でササミと
しゃきしゃきしたオカヒジキを和える。
ビールに合うよう、芥子は強めにきかせる。
蒸し鶏を和えてもよい。

1 オカヒジキを塩ゆでし、ザルに揚げて冷ます。

2 ササミを酒塩で煮て、手でほぐす。

3 だし、とき芥子、濃口醤油で和える。白ゴマをふる。

泥鰌唐揚げ

枝豆　ほおずき

ドジョウを割くのは
手間がかかりむずかしいので、
割きドジョウを仕入れて作ってもよい。
柳川鍋ではドジョウの柔らかい食感や
泥臭さが苦手というお客様でも食べられる。

1 ドジョウを氷水に入れて動きを止め、目打ちしてドジョウ割きで割く。

2 水洗いして、濃口醤油、ショウガの絞り汁、酒少量の地に浸ける。

3 片栗粉をまぶして、揚げる。

4 エダマメの塩ゆでを添え、ホオズキを飾る。

蛍烏賊うすごろも揚げ

蛸白仙揚げ

鮎のフライ

そら豆のおかき揚げ

蛍烏賊うすごろも揚げ

たらの芽

浜ゆでのホタルイカに
てんぷらの薄衣をつけて揚げる。
生のホタルイカでは揚げると
はじけてしまうので気をつける。

1 浜ゆでのホタルイカの眼、口ばし、軟骨を除き、てんぷらの薄衣をつけて揚げる。

2 タラの芽もてんぷらの薄衣をつけて揚げ、ふり塩をする。

蛸白仙揚げ

こしあぶら

酒煮にしたタコを白仙揚げにした。
煮ダコと違って食感を残したいので、
こちらはすりこぎで叩かない。

1 タコの足をはずして糠で洗い、霜降りにする。酒、だし、塩、砂糖少量、醤油少量で酒煮する。

2 鍋ごと蒸し器に入れ、30〜40分間蒸す。

3 ひと口大に切って、片栗粉を打って、太白ゴマ油で揚げる。コシアブラは素揚げにする。

鮎のフライ

アユは梅雨が明けて
川が雨水で濁らなくなってからが
おいしくなるが、6月の解禁から
1カ月も経っているので、
お客様は塩焼に飽きてしまう。
そんな時季に目先を変えて提供する料理。
塩で提供するが、アユの肝の苦味は
ソースの酸味とも相性がよい。

1 30～40gの小ぶりのアユに塩をあてておく。

2 溶き卵にくぐらせ、細かく砕いたパン粉の衣をつける。頭と尾は衣をぬぐい取る。

3 170℃の太白ゴマ油に頭をまず入れる。2分間揚げて頭に火が通ったら、全体を油に入れて揚げる。

そら豆のおかき揚げ

ソラマメに柿の種を砕いた衣をつけて
揚げる。緑色を見せたいので、
衣の一部を除いて顔をのぞかせている。
アスパラガスでもよいだろう。

1 ソラマメをゆでて皮をむく。

2 片栗粉を打ち、ときほぐした卵白と片栗粉を混ぜ合わせた白仙衣をつける。砕いた柿の種をつけて、ソラマメの先端についた衣をぬぐい取り、170℃で揚げる。あがりにふり塩をする。

第8章

ワインに合う 酒肴

昨今増えている日本料理店で
ワインを楽しむ層に向けた、
新しい酒の肴の世界

聖護院大根白子ソースかけ

黒トリュフ　細切りりんご　玉南瓜

炊いて味を含めた聖護院ダイコンに、金つばのように薄く衣をつけ、白子のソースをかける。黒トリュフに酸味のあるリンゴを添えるのはフランス料理では定番の組み合わせ。

1 聖護院ダイコンを四角く切り出し、塩、淡口醤油、ミリンで味をつけた鶏ガラスープで炊く。

2 小麦粉を全体にまぶしつける。

3 フライパンに太白ゴマ油を引き、聖護院ダイコンを焼く。6つの側面すべてに強火で焼き目をつける。

4 フレッシュの黒トリュフをせん切りにする。リンゴも同じ太さのせん切りにする。

5 フグの白子(タラでもよい)を裏漉しして、だし、牛乳、塩で味をつける。

6 カボチャをゆでて裏漉しにかけ、砂糖、塩で味をつけ、丸める。

牛もも肉山椒たれ焼

木の芽

牛と相性のよい、サンショウのたれで焼いた和のステーキ。
サンショウは時季が合えば、花ザンショウや実ザンショウを加えてもよい。

1 濃口醤油、酒、ミリン、砂糖を合わせて2〜3割煮つめる。粉ザンショウを加える。
2 牛のモモ肉に平串を打つ。
3 塩をふる。
4 炭火で焼く。炭は火床の片側にとくに集中して置き、火力の強い場所と弱い場所を作っておいて、使い分けるとよい。
5 **1**のサンショウのタレをぬる。
6 タレが焦げないように気をつけながら焼き上げる。

鱧のバター焼　ピンクペッパー

骨切りしたハモをフライパンで焼いて、
ハモの骨のだしと酒、醬油、クリームの味で煮た。
料理名はバター焼だが、焼けると皮が縮んで反り返ってしまうので、
フライパンは常温のままで油を引かず、
押さえつけるようにして焼いたのち、バターを加える。
ソースを別に作って、葛打ちして湯に落としたハモにからめてもよい。

1

2

3

4

5

6

7

8

1 ハモを一枚に開いて、骨切りする。適宜な大きさに切り分ける。
2 フライパンに入れて弱火にかけ、ゆっくりと皮に火を通す。
3 ハモが反ってくるので上から押さえつけて、皮全面に火を入れるようにする。
4 ハモの骨からとっただしを加える。
5 バターときざんだアサツキを加える。
6 酒を加え、蓋をして蒸し焼にする。
7 生クリームを加え、コショウをふる。濃口醤油を加えて味をととのえる。
8 スプーンで煮汁をかけながら、適度なとろみがつくまで煮つめる。

鱧の叩き

花穂紫蘇　塩

骨切りしたハモの皮のみを焼いて、温かいレアの状態で、塩味だけで食べていただく。
バーナーの炎であぶるのが一般的だが、炭を使うと焦げすぎず、よい香りがつく。
ただし、炭の火力だけでは充分に焼けないので、ガスの炎で下焼するとよい。

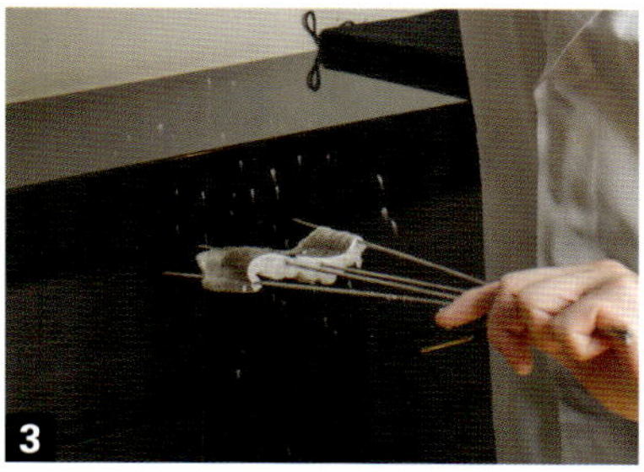

1 ハモを骨切りする。適宜な大きさに切り分ける。
2 串打ちする。
3 塩をふる。
4 皮側を下にして、ガスの炎であぶる。
5 よく熾った炭に皮を押し付けて、さらに焼く。
6 皮に焼き目のついたハモ。串を抜いて切り分け、盛りつける。

鯛の白子羽二重蒸し

胡麻豆腐　鮑肝味噌焼

枝豆のずんだ

リコッタチーズと揚湯葉

鯛の白子羽二重蒸し

フォワグラ味噌　芽葱　岩茸

一見するとフランス料理の
フォワグラのフランのようだが、
クリームはまったく加えておらず、
タイの白子でコクをつけている。
フォワグラには白味噌を加えることで
生ぐさみを抑えることができる。

1 タイの白子をゆでて裏漉しする。

2 同量のだしを加える。白子の一部はとりおいて、白醤油とミリンで食い味をつける。

3 Mサイズの卵1個に対して、**2**のだしで割った白子を1合加えて、ミリン、淡口醤油で味をととのえる。ガラス器に流して蒸し上げる。

4 フォワグラに塩をして、酒をふって酒蒸しにする。裏漉しにかける。フードプロセッサーで攪拌し、2割の量の白味噌を加える。味が足りなければ淡口醤油でととのえる。

5 ガラス器の茶碗蒸しの上にフォワグラを流し、**2**の味つけした白子のソースを少量のせる。水でもどして、だし、酒、濃口醤油で煮含めたイワタケと芽ネギを飾る。

胡麻豆腐　鮑肝味噌焼

はじき豆

ゴマ豆腐に片栗粉を打って焼き、
アワビの肝味噌をのせて田楽にする。
しっかりした味が赤ワインとよく合う。

1 みがきゴマをきつね色に煎って、フードプロセッサーにかけ、昆布だしでのばす。酒少量、水溶き葛を加えて火にかけて練り上げ、流し缶に流し、冷やし固める。

2 **1**の胡麻豆腐を切り出して、片栗粉を打って、天火で焼く。

3 アワビの肝をゆでて裏漉しにかけ、玉味噌に混ぜ合わせて肝味噌とする。

4 胡麻豆腐の上に肝味噌をのせ、エダマメの塩ゆでを飾って、天火であぶる。

枝豆のずんだ

車海老　ピータン　黄味ソース

エダマメに豆乳で作ったベシャメルを
加えて、ふわりとしたムース状のずんだに
仕立てた。きざんだピータンを添えるが、
ピータンの黄身も加えると
見た目が黒ずむので、
代わりに卵黄のソースをかけている。

1 豆乳に、フライパンで煎った小麦粉を1割、バターを2割加えて、軽く塩味をつける。

2 塩ゆでしたエダマメをフードプロセッサーにかけて、白味噌と**1**の豆乳のベシャメルを加える。

3 ピータンの殻をむき、黄身を除き、白身をきざむ。

4 卵黄をときほぐし、白醤油で味をつけて黄味ソースとする。

5 **2**のずんだをガラス器に盛り、きざんだピータンをのせる。のし串を打って塩ゆでし、浸し地に浸けた車エビをのせる。黄味ソースをかける。

リコッタチーズと揚湯葉

花穂　うに正油　山葵

なめらかなリコッタチーズと
ぱりぱりした揚げユバの触感の差を
楽しんでもらう。醤油をまぶした生ウニは
時間が経つと凝固してしまうので、
作りたてを提供する。

1 リコッタチーズをフードプロセッサーにかけて攪拌し、柔らかくする。

2 器に盛り、揚げユバを貼り付ける。生ウニに醤油をかけて、半つぶしにしたものをのせる。花穂ジソとワサビを天に盛る。

冬瓜と毛がに
冷やし銀あんみそ

まぐろとアボカドの
黄身醤油かけ

新玉ねぎ蒸し

丸十バター
黄味焼

冬瓜と毛がに冷やし
銀あんみそ

塩ゆでして甘みを引き出した
毛ガニやトウガンを、強いとろみの銀あんに
からめて食べていただく。
毛ガニもトウガンもなめらかな舌ざわりで、
優しく口の中に入っていくイメージ。

1 トウガンの皮をむき、ゆでる。だし、淡口醤油で炊く。

2 毛ガニをしっかり塩をきかせた湯で塩ゆでする。

3 だしに塩のみを加え、水溶き片栗粉でとろみをつけて銀あんとする。

4 トウガン、毛ガニの足の身を盛り、**3**の銀あんをかける。

まぐろとアボカドの
黄身醤油かけ

小角に切ったマグロとアボカドを
ふわっと空気を含ませた黄身醤油で和える。
黄身醤油はウドやタケノコ、
ホワイトアスパラガスのような
野菜につけても、
カツオの叩きや焼き魚につけてもよい。

1 さく取りしたマグロを小角に切る。

2 アボカドの皮をむいて種を取り、マグロと大きさを揃えて小角に切る。

3 卵黄、ミリン、酒、濃口醤油を湯煎にかけて、泡立てながら火を入れてクリーム状に練る。

4 マグロとアボカドを**3**の黄身醤油で和える。

新玉ねぎ蒸し

新タマネギを蒸して、
その蒸し汁をかけて食べていただく。
新タマネギのピュアな甘みを
シンプルに生かすとともに、
盛り付けの意外性を狙う。

1 新タマネギを丸のまま蒸す。

2 にじみ出てきた蒸し汁にだしを加え、塩で味をととのえる。

3 新タマネギを薄切りにして器に盛り、上から蒸し汁をかける。

丸十バター黄味焼

サツマイモの断面に
バターを加えた卵黄をぬって、
蠟焼の要領で焼く。焼きイモの香りと
バターの香りがよく合う。

1 サツマイモを輪切りにし、ゆでて火を通す。淡口醤油を加えた蜜で炊く。レモンのスライスを加えて、レモン煮にする。

2 サツマイモのレモン煮に天火で焼き目をつける。

3 卵黄に湯煎にかけたバターを加え、サツマイモの断面にぬり、焦げないようにじっくり焼いて艶よく仕上げる。

鮪の鍋照り

芹と生木耳の
胡麻和え

穴子山椒煮

独活と牛肉の金平

鮪の鍋照り

碇防風　芥子

マグロの筋が噛んだ部位は
形が悪く刺身にしづらく、
ねぎまなどに用いられるが、
照り焼にすると赤ワインに合う
酒の肴になる。粉ザンショウではなく、
サンショウの実をミキサーにかけて
たっぷり加えた魚だれをかける。

1 大トロのヒレに近い筋の入った部位に小麦粉を打って、油を引いたフライパンで焼く。

2 魚の中骨、濃口醤油、ミキサーにかけたサンショウの実、赤酒、酒少量を合わせて煮た魚ダレをかける。

3 根元を割いて碇の形にしたボウフウとときガラシを添える。

芹と生木耳の胡麻和え

歯ごたえのよいキクラゲと、
香りの強いセリを胡麻酢で和えた和え物。
胡麻酢はクラゲやキュウリ、
大徳寺麸などとも相性がよい。
また生のカシューナッツを油で揚げて、
粗くつぶしてふりかけて
アクセントにしてもよい。

1 セリを塩湯でゆでて、水でさらしてアク抜きする。

2 醤油を勝たせた吸い地で洗い、水気を絞って包丁する。

3 生キクラゲをさっと湯通ししてせん切りにする。

4 あたりゴマ、砂糖、煮きり赤酒、濃口醤油、千鳥酢を合わせた胡麻酢で和える。

穴子山椒煮

木の芽

アナゴを串を打って素焼にしてから
サンショウの煮汁で焼く方法もあるが、
ここでは一度酒蒸しにしている。
酒蒸しの段階まで準備しておけば
オーダーが入ってから
すぐに仕立てることができる。
また酒蒸しに串を打って焼けば、
ウナギのように柔らかい白焼になる。

1 一枚に開いたアナゴを抜き板に並べ、熱湯をかけて霜降りする。皮目のぬめりを取り、鍋に並べる。

2 水、酒、塩少量をひたひたに加え、蒸し煮にする。

3 だし、酒、赤酒、濃口醤油、砂糖、サンショウの実で煮る。

4 器に盛って煮汁をかけ、木ノ芽をのせる。

独活と牛肉の金平

牛肉とウドのきんぴら。
レンコンで仕立ててもよく、
ワインに合わせる場合は好みで
コショウを加えてもよい。

1 ウドの皮をむき、薄切りにして酢水に浸ける。

2 牛肉の切り落としをゴマ油少量で炒める。ウドを加え、だし、赤酒、濃口醤油を加えて、味をつける。白ゴマをふる。

筍牛肉巻き

鰻の蒲焼と新玉葱の炭焼

ローストビーフと花山葵

焼しゃぶ

筍牛肉巻き

木の芽

油と相性のよいタケノコに、
霜降りの牛肉を巻いてたれ焼にした。
タケノコは火を通しておくが、
たれをつけて焼くので薄めの土佐煮にする。

1 タケノコを糠、タカノツメでゆでて、だし、酒、淡口醤油で薄味の土佐煮にする。

2 牛のサーロイン肉の薄切りで、タケノコを巻き、串を打つ。

3 濃口醤油、たまり醤油、酒、ミリン、氷砂糖で薄めに仕立てた魚ダレをぬってたれ焼にする。刃叩きした木ノ芽をふる。

鰻の蒲焼と新玉葱の炭焼

甘辛い蒲焼に新タマネギを加えて
甘さの相乗効果を持たせる一方で、
地焼にしたウナギと、
柔らかいタマネギの
食感のコントラストを楽しんでいただく。

1 新タマネギに薄塩をして、酒少量をふり、蒸す。割醤油をぬって天火で焼く。

2 ウナギを開いて串を打ち、炭火で焼く。まず身側から中火で焼き始め、裏返して皮側は様子を見ながら時間をかけて焼く。

3 タレ（ウナギの骨をたまり醤油、濃口醤油で煮て、氷砂糖、ミリン、酒を加えたもの）を2〜3回かけながら焼く。

ローストビーフと花山葵

和風のだしとともに
牛肉を真空調理で加熱し、
ホースラディッシュの代わりに
辛味を出した花ワサビを添えた。
だしを漉してソースとし、
脂が固まってしまうので常温で提供する。

1 牛のイチボ肉を400〜500gの塊にカットし、フライパンで表面をカリッと焼く。

2 酒、だし、濃口醤油、砂糖、ショウガのスライス、ゴボウ、タマネギをことことと煮る。

3 牛肉と冷ました**2**のだしを真空パックにかけて、68℃で35〜40分間加熱する。1〜2日間おく。

4 ワサビを約80℃の湯でゆでる。さっと流水で洗い、砂糖と塩でもんでビンに詰め、色が変わらないようにビンごと氷水で急冷する。

5 牛肉を浸けた**3**のだしを漉して、張る。

焼しゃぶ

大根おろし　花山椒

しゃぶしゃぶ用の薄切り肉を
ダイコンおろしと花ザンショウを添えて、
くるりと巻いて食べていただく。

1 神戸牛のザブトン（鞍下肉の下、あばら側の肉）をスライサーで切った薄切り肉の両面を、サラマンダーでさっと加熱する。

2 ダイコンおろしと塩ゆでした花ザンショウをのせる。

素材別索引

＊主素材別に分類しました。
あしらいや調味料は除外しております。

ア

担当者紹介

コースの始まりには熱々と冷製の2品の料理を続けて出すのが、門脇俊哉氏のスタイル。先付は味においても器においても関心がもっとも集まり、店の印象が決まる“つかみ”となるからだ。また近年は、「白だつ山椒和へ 鯛はも子和へ」（p16）のように、複数の料理を盛り合わせ、その複合した味わいや一度にいろいろ食べる楽しさを意識しているという。

門脇俊哉（かどわきとしや）

1960年北海道生まれ。六本木の「越」を経て、「つきじ植むら」で茂木福一郎氏、「エスカイヤクラブ」で山本敏雄氏に師事。「鴨川霞ヶ関店」を経て、「海燕亭」の料理長に就任。2000年独立し、04年に今の地に移転。

麻布かどわき

東京都港区麻布十番2-7-2
ローズハウス麻布十番　1F
03-5772-2553
http://azabukadowaki.com/

お客さまの食べ進み方や好みによって、阿吽の呼吸で料理をアレンジする内山英仁氏。店の名物である先付の「焼き胡麻豆腐」のように、食感や温度、香りの組合せを重視するとともに、「新じゃが芋共がけ」（p44）のように、一つの食材を別々の仕立て方にして一皿に組み合わせることで、素材を再構築して新しい魅力を引き出すことを得意とする。

内山英仁（うちやまひでひと）

1969年神奈川県生まれ。調理師学校卒業後、「吉祥日比谷店」で5年間勤め、さらに都内の数店で腕を磨く。開業まもない「銀座あさみ」で浅見健二氏に師事した後、2002年独立開業。

銀座うち山

東京都中央区銀座2-12-3
ライトビル B1F
03-3541-6720
http://www.ginza-uchiyama.co.jp/

東京では今や数少ない、一品料理のメニューもおく正統派スタイルの板前割烹で、「松葉きす」（p121）など、江戸から東京に伝わる料理技術を駆使する橋本亨氏。その一方でドイツの日本大使公邸での勤務経験から、ワインを提供する日本料理店の先駆けとして、イタリア産の魚醤など、新しい素材を取り入れることもいとわない柔軟な姿勢をもつ。

橋本亨（はしもととおる）

1962年東京都生まれ。実家である「割烹とよだ」は文久年間創業で、同氏は5代目にあたる。浅草の「草津亭」で宮澤退助氏に師事し、93年「在ドイツ日本大使公邸」料理長就任。帰国後、95年から同店の料理長。

割烹とよだ
東京都中央区日本橋室町1-12-3
03-3241-1025
http://www.toyoda.tokyo/

修業先「たか田八祥」の支店を任されていた時代には、40席規模の店のカウンターを切り盛りし、既成概念にとらわれず、「鮎のフライ」（p173）などの新作にチャレンジしてきた山本晴彦氏。「太穴子の照焼」（p28）のように、大ぶりのポーションで素材の存在感を強調するとともに、コノコすらも自家製するなどの工夫と努力で、個性を打ち出す。

山本晴彦（やまもとはるひこ）

1979年栃木県生まれ。調理師学校卒業後、岐阜市の「たか田八祥」に入り、高田晴之氏に師事。同じ市内で展開する支店「割烹料理わかみや八祥」、続いて「割烹料理こがね八祥」の店長を務めたのち、2011年独立。

日本料理晴山
東京都港区三田2-17-29
グランデ三田B1F
03-3451-8320
http://seizan-mita.com/

板前割烹の先付と酒肴

8テーマ160品

2015年9月25日初版発行
2022年6月20日 3版発行

著者　門脇俊哉　内山英仁　橋本亨　山本晴彦

発行者　丸山兼一

発行所　株式会社柴田書店
〒113-8477　東京都文京区湯島3-26-9　イヤサカビル
電話　営業部　03-5816-8282（注文・問合せ）
書籍編集部　03-5816-8260
URL　https://www.shibatashoten.co.jp

印刷・製本　株式会社文化カラー印刷

ISBN 978-4-388-06218-8
Printed in Japan